CW01642783

DICȚIONAR MEDICAL DE BUZUNAR

ENGLEZ-ROMÂN/ROMÂN-ENGLEZ

Danielle Duizabo este medic primar ; semnează numeroase articole de specialitate şi, în colaborare, lucrarea *Examen clinique des membres et du rachis* (Masson, Paris, 2006).

Danielle Duizabo, *Lexique médical anglais-français/ français-anglais*, 7e édition

www.polirom.ro

Editura POLIROM
Iaşi, B-dul Carol I nr. 4, P.O. Box 266, 700506
Bucureşti, B-dul I.C. Brătianu nr. 6, et. 7, ap. 33, O.P. 37, P.O. Box 1-728, 030174

Descrierea CIP a Bibliotecii Naţionale a României :

DUIZABO, DANIELLE

Dicţionar medical de buzunar : englez-român/român-englez / Danielle Duizabo ; trad. de Simona Stoleriu. - Iaşi : Polirom, 2007

ISBN 978-973-46-0689-4

I. Stoleriu, Simona (trad.)

81'374.2 : 61 = 111 = 135.1
81'374.2 : 61 = 135.1 = 111

Printed in ROMANIA

Danielle Duizabo

DICȚIONAR MEDICAL DE BUZUNAR

ENGLEZ-ROMÂN
ROMÂN-ENGLEZ

Traducere de Simona Stoleriu

POLIROM
2007

Cuvânt înainte

Lucrarea conţine o listă a celor mai uzuali termeni folosiţi în limbajul medical, administraţia spitalicească şi industria farmaceutică. Obiectivul său este să faciliteze o consultare rapidă, astfel încât utilizatorul să găsească sinonimul exact al unui anumit cuvânt în timpul unei expuneri, al redactării unui articol de specialitate sau al consultării unui pacient.

Cei interesaţi pot găsi aici substantive, adjective şi adverbe care le îngăduie să traducă cu uşurinţă articole ştiinţifice. S-a pus accent pe termenii cei mai comuni relativi la patologii care pot fi întâlnite atât în spital, cât şi în afara lui, fără a se include denumirile medicale universal valabile.

În cazul anumitor cuvinte, ortografia britanică se deosebeşte de cea americană. Noi am preferat-o pe ultima, mai des întâlnită în articolele de specialitate : *ae*, *oe* din engleza britanică devin *e* în engleza americană (ex. : *anemia*, *edema*), terminaţia *-our* devine *-or* (ex. : *tumor*) etc.

Sperăm ca lucrarea să răspundă aşteptărilor cât mai multor profesionişti din domeniul medical, în ciuda inevitabilelor omisiuni, motivate de dimensiunile ei ; având drept scop nu erudiţia, ci precizia, ea se doreşte un instrument practic, uşor de consultat.

D. Duizabo

Corespondenţa dintre unităţile de măsură englezeşti şi cele internaţionale

• temperatură

Pentru a transforma o temperatură exprimată în grade Fahrenheit într-una exprimată în grade Celsius, se scade 32, se înmulţeşte cu 5 şi se împarte la 9.

Exemplu :

68°F = [(68–32) × 5] / 9 = 20°C

• lungime

1 inch = 25,4 mm
1 foot = 12 inches = 0,305 m
1 yard = 3 feet = 0,914 m
1 fathom = 6 feet = 1,829 m
1 pole = 5 1 / 2 yards = 5,027 m
1 chain = 22 yards = 20,108 m
1 furlong = 220 yards = 201,2 m
1 mile = 8 furlongs = 1760 yards = 1609 m
1 nautic mile = 1851 m

• suprafaţă

1 sq. inch = 6,45 cm^2
1 sq. foot = 9,29 dm^2
1 sq. yard = 0,836 m^2
1 perch = 25,29 m^2
1 rood = 10,12 acres
1 acre = 0,405 ha
1 sq. mile = 259,89 ha = 2,59 km^2

• volum

1 cubic inch = 16,387 cm^3
1 cubic foot = 0,283 m^3
1 cubic yard = 0,764 m^3

• capacitate

1 gill = 0,142 l
1 pint = 4 gills = 0,568 l
1 quart = 2 pints = 1,136 l
1 gallon = 4 quarts = 4,546 l
1 barrel = 32 gallons = 145,39 l
1 US gallon = 3,78 l

• greutate

1 grain = 0,0648 g
1 dram = 1,77 g
1 ounce (oz) = 16 drams = 28,3 g
1 pound (lb) = 16 oz = 0,453 kg
1 stone = 14 lb = 6,35 kg
1 quarter = 28 lb = 12,7 kg
1 hundred weight = 112 lb = 50,8 kg
1 ton = 1016 kg

Dicţionar englez-român

A

abacus, abac
abarticular, abarticular
abatement, diminuare
abdomen, abdomen
abdominal reflex, reflex cutanat abdominal
abducens nerve, nervul abducens (oculomotor extern)
abducent, abductor
abduction, abducţie
aberrant, aberant
abeyance, suspendarea activităţii
ability, abilitate ; capacitate
abnormal, anormal
abnormality, anomalie
ABO system, sistemul ABO
abortion, avort
– **induced-abortion**, avort provocat
above normal, peste limita normală
abrade, a răzui ; a roade
abruptio placentae, hematom retroplacentar
abscess, abces
absolute, absolut
abstract, rezumat
abuse, abuz
acalculia, acalculie
acanthoma, acantom
acanthosis, acantoză
acapnia, acapnie
acariasis, acariază
acaricide, acaricid
acarinosis, acarioză
acarus, acarian
acatalasia, acatalazie
acathisia, acatizie
acceptor, acceptor
access, abord
accessory, accesoriu ; secundar
accident, accident
acclimatation, aclimatizare
accomodation, acomodare
according to, conform ; potrivit cu
account, raport, dare de seamă
accretion, acumulare
accuracy, corectitudine ; exactitate
accurate, corect ; exact
acephalous, acefal
acetabular, acetabular

acetaminophen, acetaminofen ; paracetamol
acetonemia, acetonemie
acetonuria, acetonurie
acetylcholine, acetilcolină
acetylsalicylic acid, acid acetilsalicilic
achalasia, acalazie
ache, durere
achieved, dobândit
Achilles reflex time, reflexogramă ahileană
– **Achilles tendon reflex**, reflex tendinos ahilean
aching, dureros
achlorhydria, aclorhidrie
acholia, acolie
achondroplasia, acondroplazie
achromatic spindle, nucleu acromatic
achromatopsia, acromatopsie
achylia, achilie
acid, acid
– **acid phosphatase**, fosfatază acidă
acid-base balance, echilibru acido-bazic
acidemia, acidemie
acid-fast, acidorezistent
acidity, aciditate
acidosis, acidoză
acinesia, akinezie
acinitis, acinită
acknowledgment, cunoaştere
aclusion, malocluzie
acme, apogeu
acne, acnee
– **acne rosacea**, acnee rozacee ; cuperoză
aconuresis, enurezis
acor, aciditate
acorea, acorie ; acoree
acoustic, acustic
– **acoustic crest**, creasta ampulară
– **acoustic neuroma**, neurinom de acustic
acoustics, acustică
acquired, dobândit
– **Immune Deficiency Syndrome (AIDS)**, sindromul imunodeficienţei dobândite (SIDA)
acrid, acru ; înţepător
acrocephaly, acrocefalie
acrocyanosis, acrocianoză
acrodermatitis, acrodermatită
acrodynia, acrodinie
acrodystrophic neuropathy, neuropatie acrodistrofică
acrokeratosis, acrokeratoză
acromegaly, acomegalie
acromioclavicular, acromioclavicular
acropathy, acropatie
acrotic, superficial
acrotism, acrotism
actin, actină
actinic dermatosis, dermatoză actinică
actinon, actinon ; randon 219

action, acţiune
- **action potential**, potenţial de acţiune
- **action spectrum**, spectru de acţiune
- **action tremor**, tremur intenţional

activator, activator
active assist exercise, exerciţiu activ asistat
activity, activitate
actomyosin, actomiozină
actual, actual ; real
acuity, acuitate
acupuncture, acupunctură
acus, acut ; ascuţit
acute, acut
acuteness, acuitate
acyesis, sterilitate feminină
adactylia, adactilie
Adam's apple, mărul lui Adam
adaptation, adaptare
add, a adăuga
addict, dependent ; toxicoman
addiction, dependenţă ; toxicomanie
Addison's disease, boala Addison
address, adresă
adduction, adducţie
adductor, adductor
adenectomy, adenectomie
adenitis, adenită
adenocarcinoma, adenocarcinom
adenofibroma, adenofibrom
adenohypophysis, adenohipofiză
adenoid, adenoid ; adenoidian
adenoidectomy, adenoidectomie
adenoiditis, adenoidită
adenoids, vegetaţii adenoide
adenolipoma, adenolipom
adenolymphoma, adenolimfom
adenoma, adenom
adenomatosis, adenomatoză
adenomyoma, adenomiom
adenomyosis, adenomioză ; endometrioză
adenopathy, adenopatie
adenosine, adenozin
- **adenosine diphosphate (ADP)**, adenozin difosfat (ADP)
- **adenosine monophosphate (AMP)**, adenozin monofosfat (AMP)
- **adenosine triphosphate (ATP)**, adenozin trifosfat (ATP)

adenotonsillectomy, adenotonsilectomie
adenovirus, adenovirus
adept, specialist
adequate, adecvat ; convenabil
adherence, aderenţă
adhesio, aderenţă ; adeziune
adhesive tape, bandă adezivă
adipose, adipos

– **adipose cell**, celulă adipoasă ; adipocit
aditus, aditus
adjustment, reglare ; ajustare
adjuvant, adjuvant
admission, admitere ; intrare ; recunoaştere
admittance, permisiune ; intrare
adnexa, anexe
adopted child, copil adoptat
adrenal, suprarenalian
– **adrenal cortex**, corticosuprarenală
– **adrenal gland**, glanda suprarenală
– **adrenal medulla**, medulosuprarenală
adrenalectomy, suprarenalectomie
adrenaline, adrenalină
adrenergic, adrenergic
adrenocortical steroids, corticosteroizi
adrenocorticotrophic hormone (ACTH), hormonul adrenocorticotrop (ACTH)
adrenolytic, adrenolitic
adult, adult
adulterated oil, ulei contrafăcut
adulteration, falsificare
adulthood, vârsta adultă
advance, progres
advanced, avansat ; evoluat
advancement, avans
– **advancement flap**, lambou de alunecare
advent, apariţie
adventitia, adventice
adverse effect, efect advers
advertising insert, anunţ publicitar
advice, sfat
advise, a consilia ; a sfătui
aerobe, aerob
aerobic, aerob
aerocele, aerocel
aerodontalgia, aerodontalgie
aerogen, bacterie aerobă
aerophagy, aerofagie
afebrile, afebril
affect, afect ; dispoziţie
affected, afectat ; marcat
affection, afecţiune ; boală ; tulburare
affective deprivation, carenţă afectivă
affective disorder, tulburare afectivă
afferen, aferent
– **afferent loop syndrome**, sindromul de ansă aferentă
affinity, afinitate
afibrinogenemia, afibrinogenemie
aflatoxin, aflatoxină
African tick fever, febră recurentă africană
after-birth, post-partum
after-care, post-tratament ; supravegherea convalescenţilor

after-effect, sechelă
after-image, imagine consecutivă
after-load, post-sarcină
after-pains, dureri uterine determinate de desprinderea placentei
after-taste, gust rămas
agalactia, agalactie
agammaglobulinemia, agamaglobulinemie
agar, agar (madiu) ; geloză
age, vârstă
ageing, îmbătrânire
agency, agenţie ; administraţie
agenesis, agenezie
agglutinin, aglutinină
agglutinogen, aglutinogen
aggregate, agregat
aggression, agresiune
aging, îmbătrânire
aglutition, afagie ; imposibilitate de a înghiţi
agnatia, agnaţie
agnosia, agnozie
agonist, agonist
agonize, a agoniza
agony, agonie
agoraphobia, agorafobie
agranulocytosis, agranulocitoză
agraphia, agrafie
agreement, înţelegere ; acord
ague, malarie ; frisoane
AIDS, SIDA
aim, scop
aimed at, destinat penru
air, aer
– **air cell**, alveolă pulmonară
– **air embolism**, aeroembolism
– **air flow**, scurgeri de gaze
– **air hunger**, respiraţie Kussmaul
– **air space**, spaţiu pneumatic
– **air splint**, atelă gonflabilă
airways, căi aeriene
akatisia, acatizie
ala, aripă
albinism, albinism
albino, albinos
albumin, albumină
albuminuria, albuminurie
alcohol, alcool
alcoholic, alcoolic ; etilic
alcoholism, alcoolism ; etilism
aldehyde, aldehidă
aldosterone, aldosteron
aldosteronism, aldosteronism ; hiperaldosteronism
alert, vigilent ; atent
alertness, vigilenţă
alexia, alexie
alga, algă
algesia, algezie ; durere
algid, dureros
algogenic, algogen
algorithm, algoritm
alienation, alienare
alignment, aliniere ; îndreptare

alimentary, alimentar
– **alimentary tract**, tub digestiv
alive, în viaţă
alkali, alcalin
alkaline, alcalin
– **alkaline reserve**, rezervă alcalină
alkalinity, alcalinitate
alkalinuria, alcalinurie
alkaloid, alcaloid
alkalosis, alcaloză
alkaptonuria, alcaptonurie
alkylating agent, agent alkilant
allantois, alantoid
allele, alele
allelomorph, alelomorfă (genă)
allergen, alergen
allergy, alergie
alleviate, a atenua
alloantibody, aloanticorp
alloantigen, aloantigen
allocated, repartizat ; alocat
allocheiria, aloestezie
allograft, alogrefă
allopathy, alopatie
alloplasthy, aloplastie ; heterogrefă
all-or-none law, legea „tot sau nimic"
allow, a permite
allowance, alocaţie ; raţie alimentară
alloy, aliaj
alopecia, alopecie ; calviţie
aloud, cu voce tare
alpha, alfa
– **alpha rays**, raze alfa
– **alpha wave**, undă alfa
alphachymotrypsin, alfachimotripsină
alphafetoprotein (AFP), alfafetoproteină (APF)
alteration, schimbare
alternating current, curent alternativ
alternative medicine, medicină alternativă
altitude sickness, rău de înălţime
alveolar, alveolar
alveolitis, alveolită
alveolus, alveolă
Alzheimer's disease, maladia Alzheimer
amalgam, amalgam
amastia, amastie
amaurosis, amauroză
amaurotic familial idioty, idioţie amaurotică familială
ambidextrous, ambidextru
ambient, ambiant
ambivalence, ambivalenţă
amblyopia, ambliopie
ambulant, ambulant
ambulatory, ambulator
– **ambulatory electrocardiographic monitoring**, Holter EKG
ameba, amibă

amebiasis, amibiază
amebicide, amoebicid
ameboma, amoebom
amelia, amelie
amenorrhea, amenoree
amentia, idioţie
American spotted fever, febra purpurie americană
ametria, ametrie ; absenţa uterului
ametropia, ametropie
amine, amină
amino acid, acid aminat ; aminoacid
aminoaciduria, aminoacidurie
amitosis, amitoză
ammonia, amoniac
amnesia, amnezie
amnesiac stroke, criză de amnezie
amniocentesis, amniocenteză
amniography, amniografie
amnion, amnios
amniotic fluid, lichid amniotic
amorphus, amorf
amount, cantitate
ampere, amper
amphoteric, amfoter
ampulla, ampulă
– **ampulla chyli**, ampula cili
amygdala, amigdală
amylase, amilază
amyloidosis, amiloidoză
amyotonia, amiotonie
amyotrophic lateral sclerosis, scleroză laterală amiotrofică
amyotrophy, amiotrofie
anabolic steroid, steroid anabolizant
anabolism, anabolism
anacrotic, anacrotism
anaerobe, anaerob
analbuminemia, analbuminemie
analeptic, analeptic
analgesia, analgezie
analgesic, analgezic ; antalgic
analogous, analog
analysis, analiză
anaphase, anafază
anaphoresis, anaforeză
anaphylaxis, anafilaxie
anaplasia, anaplazie
anastomosis, anastomoză
anatomical, anatomic
– **anatomical chart**, planşă anatomică
– **anatomical snuff-box**, tabachera anatomică
anatomy, anatomie
ancylostomiasis, anchilostomiază
androgen, androgen
android pelvis, bazin android
androsterone, androsteron
anemia, anemie
anencephaly, anencefalie
aneroid, aneroid
anesthesia, anestezie
anesthesist, anestezist

anesthetic, anestezic
aneurysm, anevrism
anger, furie
angiectasis, angiectazie
angiitis, angeită
angina pectoris, angină pectorală
angiocardiogram, angiocardiogramă
angiocardiography, angiocardiografie
angiogram, angiogramă
angiography, angiografie
angioma, angiom
angiomatosis, angiomatoză
angioneurotic, angioneurotic
– **angioneurotic edema**, edem angioneurotic ; edem Quincke
angioplasty, angioplastie
angiosarcoma, angiosarcom
angiospasm, angiospasm
angiotensin, angiotensină
angiotensin-converting enzyme inhibitors (ACEI), inhibitori ai enzimei de conversie a angiotensinei
angor, angină pectorală
anguish, angoasă
anhidrosis, anhidroză
anhidrotic, anhidrotic
anhydrous, anhidru
anion, anion
aniseikonia, anizeiconie
anisochromatopsia, anizocromatopsie
anisocoria, anizocorie
anisocytosis, anizocitoză
anisomelia, anizomelie
anisometropia, anizometropie
ankle, gleznă
– **ankle bone**, astragal
– **ankle clonus**, clonusul piciorului
– **ankle jerk**, reflex ahilean
– **ankle joint**, articulaţia gleznei (tibio-astragaliană)
ankyloblepharon, anchiloblefaron
ankyloglossia, anchiloglosie
ankylosing spondylitis, spondiloză anchilozantă
ankylosis, anchiloză
ankylostomiasis, anchilostomiază
annular, inelar
anode, anod
anodyne, calmant ; antalgic
anomalous, anormal
anomia, anomie
anonychia, anonichie
anoperineal, anoperineal
anorchous, anorhid
anorectal, anorectal
anorexia, anorexie
– **anorexia nervosa**, anorexie nervoasă
anosmia, anosmie
anovulation, anovulaţie
anovulary cycle, ciclu anovulator
anoxemia, anoxemie

anoxia, anoxie
answer, răspuns
ant, furnică
antacid, antiacid
antagonist, antagonist
antemortem, înainte de moarte
antenatal, prenatal
anterior, anterior
– **anterior root**, rădăcina anterioară
anterograde, anterograd
anteroinferior, anteroinferior
anterointernal, anterointern
anterolateral, anterolateral
anteromedian, anteromedian
anteroposterior, anteroposterior
anterosuperior, anterosuperior
anteversion, anteversiune ; anteversie
anthelmintic, antihelmintic ; vermifug
anthracosis, antracoză
anthrax, antrax
anthropoid, antropoid
anthropology, antropologie
antibiotic, antibiotic
antibody, anticorp
anticholinergic, anticolinergic
anticholinesterase, anticolinesterază
anticoagulant, anticoagulant
anticodon, anticodon
anticonvulsant, anticonvulsiv
antidepressant, antidepresiv
antidiuretic hormone (ADH), hormonul antidiuretic (ADH)
antidote, antidot
antigen, antigen
antigenic determinant, determinant antigenic
antiglobulin test, testul la antiglobulină ; testul Coombs
antihemophilic factor, factor antihemolitic
antihistamine, antihistaminic
anti-inflammatory, antiinflamator
antilymphocyte, antilimfocitar
– **antilymphocyte globulin**, globulină antilimfocitară
– **antilymphocyte serum**, ser antilimfocitar
antimalarial, antimalaric ; antipaludic
antimetabolite, antimetabolit
antimigraine, antimigrenos
antimitotic, antimitotic
antimycotic, antimicotic ; antifungic
antinuclear factor, factor antinuclear
antiperistaltic, antiperistaltic
antipruritic, antipruriginos
antipyretic, antipiretic
antirachitic factor, factor antirahitic, vitamina D

antiscorbutic, antiscorbutic ; vitamina C
antiseptic, antiseptic
antiserum, antiser
antispasmodic, antispasmodic ; antispastic ; spasmolitic
antithrombin, antitrombină
antithyroid, antitiroidian
antitoxin, antitoxină
antivenin, antivenin
antrotomy, antrotomie
antrum, antru ; sinus
anuria, anurie
anus, anus
anxiety, anxietate
– **anxiety neurosis**, nevroză anxioasă
anxious, anxios
aorta, aortă
aortic, aortic
– **aortic insufficiency**, insuficienţă aortică
– **aortic stenosis**, stenoză aortică
– **aortic valve**, valva aortică
aortitis, aortită
apart, separat
apathy, apatie
aperient, laxativ
aperistalsis, aperistaltism
aperture, orificiu ; deschidere
apex, apex ; vârf
– **apex beat**, şoc apexian
– **apex of heart**, vârful inimii
Apgar score, scor Apgar
aphagia, afagie
aphakie, afachie
aphasia, afazie
aphid, afidă
aphonia, afonie
aphrodisiac, afrodisiac
aphtha, aftă
aphthous stomatitis, stomatită aftoasă ; muguet
apicectomy, apicectomie
aplasia, aplazie
aplastic anemia, anemie aplazică
apnea, apnee
apocrine gland, glandă apocrină
aponeurosis, aponevroză
apophysis, apofiză
apoplexy, apoplexie
apparatus, aparat ; tract
appearance, aspect ; apariţie
appendectomy, apendicectomie
appendicitis, apendicită
appendix, apendice
apperception, apercepţie
appetite suppressant, anorexigen
appliance, aparat
applicant, candidat
application, aplicaţie ; cerere de candidatură
applicator, aplicator
appointment, întâlnire
appraisal, evaluare

apprehension, percepţie ; înţelegere
approach, cale ; acces
approval, acord ; înţelegere
apraxia, apraxie
apron, sort
apt, apt
aptitude, aptitudine
aptyalisme, aptialie ; aptialism
apyrexia, apirexie
aqueduct, apeduct
aqueous, apos
– **aqueous humor**, umoarea apoasă
arachnodactyly, arahnodactilie
arachnoid, arahnoid
arborization, arborizaţie
arbovirus, arbovirus
arch, arc, arcadă ; boltă
arcuate nucleus, nucleu arcuat
arcus, arc, arcadă ; boltă
area, arie ; câmp ; regiune
areola, areolă
areolar tissue, ţesut conjunctiv lax
argininosuccinicaciduria, argininosuccinurie
argue, a discuta
argyria, argirie
arm, braţ
– **arm chair**, fotoliu
– **arm pit**, axilă
around, aproximativ, în jur
arousal, trezire
– **arousal reaction**, reacţie de trezire
– **arousal response**, reacţie de oprire
arrangement, aranjament ; dispunere
array, dispunere ; repartizare
arrest, oprire
arrhenoblastoma, arenoblastom ; androblastom
arrhythmia, aritmie
arterial, arterial
arteriectomy, arteriectomie
arteriography, arteriografie
arteriole, arteriolă
arteriopathy, arteriopatie
arterioplasty, arterioplastie
arteriosclerosis, arteroscleroză
arteriotomy, arteriotomie
arteriovenous aneurysm, anevrism arteriovenos
arteritis, arterită
artery, arteră
arthralgia, artralgie
arthrectomy, artrectomie
arthritis, artrită
arthrochalasis, hiperlaxitate articulară
arthrodesis, artrodeză
arthrodynia, artrodinie
arthrography, artrografie
arthropathy, artropatie
arthroplasty, artroplastie
arthroscope, artroscop
arthroscopy, artroscopie

arthrotomy, artrotomie
article of clothing, articol de îmbrăcăminte
articular, articular
artifact, artefact
artificial, artificial
arytenoid, aritenoid
asbestos, azbest
ascariasis, ascaridiază
ascaricide, ascaricid
ascaris, ascaris
ascending colon, colon ascendent
ascertain, a stabili ; a determina
ascites, ascită
ascitic fluid, lichid de ascită
ascorbic acid, acid ascorbic
ascribe, a imputa
asepsis, asepsie
aseptic, aseptic
asexual, asexual
asleep, adormit
aspermia, aspermie
asphyxia, asfixie
aspiration, aspiraţie
aspirator, aspirator
aspirin, aspirină
assay, determinare ; dozaj
assessment, bilanţ ; evaluare
assignment, numire ; atribuire
assistance, ajutor ; asistenţă
assisted ventilation, ventilaţie asistată
assume, a presupune
assumption, ipoteză
asteatosis, asteatoză
astereognosis, astereognozie
asthenia, astenie
asthenopia, astenopie
asthma, astm
astigmatism, astigmatism
astringent, astringent
astrocytoma, astrocitom
astroglia, astroglie
asymmetry, asimetrie
asymptomatic, asimptomatic
asynclitism, asinclitism
at any rate, în tot cazul
at random, la întâmplare
at rest, în repaus
atavism, atavism
ataxia, ataxie
atelectasis, atelectazie
atherogenic, aterogen
atheroma, aterom
atherosclerosis, ateroscleroză
athetosis, atetoză
athlete's foot, picior de atlet
atlas, atlas
atmosphere, atmosferă
atomizer, atomizor
atony, atonie
atresia, atrezie
atrial, atrial
– **atrial natriuretic factor**, factor atrial natriuretic
– **atrial septal defect**, defect septal interatrial
atrioventricular, atrioventricular
– **atrioventricular block**, bloc atrioventricular

– **atrioventricular bundle**, fascia atrioventriculară ; fascia His
atrium, atriu
atrophic, atrofic
atrophy, atrofie
atropine, atropină
attachment, ataşament
attack, acces ; atac ; criză
attempt, încercare
attend, a îngriji, a asista
attending physician, medic curant
attributability, atribuţie
atypical, atipic
audiogram, audiogramă
audiologist, audiolog
audiometer, audiometru
audiometry, audiometrie
auditory, auditiv
aura, aură
aural, auditiv
auricle, auriculă
auricular, auricular
auriculotemporal, auriculotemporal
auriscope, otoscop
auscultation, auscultaţie
autism, autism
autistic, autist
autoagglutination, autoaglutinare
autoantibody, autoanticorp
autoantigen, autoantigen
autocatalytic, autocatalitic
autoclave, autoclav
autodigestion, autodigestie
autoeroticism, autoerotism ; masturbare
autogenous, autogen
autograft, autogrefă
autohypnosis, autohipnoză
autoimmune disease, boală autoimună
autoimmunity, autoimunitate
autoimmunization, autoimunizare
autoinfection, autoinfecţie
autointoxication, autointoxicaţie
autolysis, autoliză
automatism, automatism
autonomic nervous system, sistem nervos autonom
autoplasty, autoplastie
autopsy, autopsie
autoradiography, autoradiografie
autosomal, autozomal
autosuggestion, autosugestie
autotransfusion, autotransfuzie
availability, disponibilitate
available, disponibil
avascular, avascular
average, medie
aversion therapy, terapie de aversiune
avian, aviar
avirulent, avirulent
avitaminosis, avitaminoză
avoidable, evitabil

avoidance, evitare
awakening, trezire
award, premiu
aware, informat ; conştient
awareness, cunoştinţă ; conştiinţă ; vigilenţă
away from, departe de
awkward, neîndemânatic
axilla, axilă
axillary, axilar
axis, axă
axon, axon
axonotmesis, axonotmesis
azoospermia, azoospermie
azotemia, azotemie
azoturia, azoturie

B

baby-scale, cântar pentru copii
bachelor, celibatar
bacillary, bacilar
bacilluria, bacilurie
bacillus, bacil
back, spate
back up, susţinere
backache, dorsalgie
backbone, coloană vertebrală
backflow, reflux
background, antecedente ; fond
backrest, spătar
backwards, în spate
bacteria, bacterie
bacterial, bacterian
bactericidal, bactericid
bacteriemia, bacteriemie
bacteriology, bacteriologie
bacteriolytic, bacteriolitic
bacteriophage, bacteriofag
bacteriostatic, bacteriostatic
bacterium, bacterie
bacteriurie, bacteriurie
bag, geantă
– **bag of waters**, pungi sub ochi
bagassosis, bagasoză
balance, bilanţ ; echilibru
balanitis, balanită
bald, alopecic
baldness, alopecie ; calviţie
ballooning, balonare
ballot, vot ; scrutin
ballottement, votare
ballpoint, pix
balm, balsam
balneology, balneologie
balsam, balsam
ban, interdicţie
band, bandă ; bandeletă
– **band width**, lărgime de bandă/a benzii
bandage, bandaj
banding, serclaj
bank note, bancnotă
bar, bar
Barbados leg, elefantiazis
barber's itch, sicoză tricofitică
bare, gol
barium enema, tranzit baritat
baroreceptor, baroreceptor
barrel, butoi

barrier, barieră
bartholinitis, bartolinită
basal, bazal
- **basal ganglia**, nucleu cenuşiu central
- **basal metabolism**, metabolism bazal

base, bază
baseline, linie izoelectrică
basement, subsol
basic, de bază ; fundamental
- **basic life support**, asistenţă cardiorespiratorie

basilar, bazilar
basilic veine, vena bazilică
basin, chiuvetă
basis, bază ; fundament
basophil, bazofil
bath, baie
battered child syndrome, sindromul Silverman ; sindromul copiilor agresaţi
battery, baterie
bead, picătură
beak, cioc
beaked osteophyte, osteofit
beam, fascicul ; fascie
bear, purtător
bearring down, eforturi de expulzie
beat, bătaie
bed, pat
bedbug, ploşniţă
bedclothes, lenjerie de pat
bedpad, aleză
bedpan, ploscă
bedridden, imobilizat la pat
bedsore, escară de decubit
bedwetting, enurezis ; incontinenţă nocturnă
bee sting, înţepătură de albină
before and after comparison, comparaţie înainte şi după
beforehand, în prealabil
bahavior, comportament
- **bahavior disorder**, tulburare de comportament

behaviorism, behaviorism
belching, eructaţie
belly, burtă
belong, a aparţine
below, sub
- **below the mean**, sub nivelul mediu

belt, centură
bend, a (se) îndoi
bends, dureri osteoarticulare în timpul bolii de decompresiune
benefit, beneficiu ; stare ameliorată
benign, benign
berylliosis, berilioză
best, cel mai bun
bestiality, bestialitate
beta, beta
betablocker, betablocant
beware, a fi atent ; a se feri
bewilderment, dezorientare
beyond, dincolo de ; după
bezoar, bezoar
biased, înclinat
biceps, biceps

– **biceps reflex**, reflex bicipital
bicornuate, bicorn
bicuspid, bicuspid
– **bicuspid valve**, valva bicuspidă (mitrală)
bifid, bifid
bifocals, ochelari bifocali
bifurcate, bifurcat
– **bifurcate ligament**, ligamentul bifurcat ; ligamentul Chopart
bigeminal pulse, puls bigeminal
bilateral, bilateral
bile, vezica biliară
– **bile duct**, canal biliar
– **bile pigment**, pigment biliar
– **bile salts**, săruri biliare
bilharzia, bilharzie ; schistosomă
biliary, biliar
bilious, bilios
bilirubin, bilirubină
biliuria, biliurie
biliverdin, biliverdină
bill, factură
billion, miliard
bimanual, bimanual
binary fission, fisiune binară
binaural, biauricular
binding, legătură ; fixare
binocular, binocular
binovular, biovular
bioassay, dozaj biologic
bioavailability, biodisponibilitate
biochemistry, biochimie
biofeedback, retroacţiune ; biofeedback
biogenesis, biogeneză
biology, biologie
biometrics, biometrie
biophysics, biofizică
biopsy, biopsie
biosynthesis, biosinteză
biotin, biotin(ă)
bipolar lead, derivaţie bipolară sau periferică
bird flu, gripă aviară
birth, naştere
– **birth control**, controlul (limitarea) naşterilor
– **birth defect**, anomalie congenitală
– **birth rate**, rata natalităţii
bisexual, bisexual
bistoury, bisturiu
bit, bucată ; puţin
bite, muşcătură ; înţepătură
bitemporal hemianopsia, hemianopsie bitemporală
bitter, amar
black, negru
– **black stools**, scaun negru
blackhead, comedon
blackout, amnezie
blackwater fever, febră biloasă hemoglobinurică
bladder, veziculă
blade, lamă

bland, blând ; steril
blanck, gol (de memorie)
blast, blast ; distrucţie ; suflu
– **blast injury**, leziune prin suflu
blastomycosis, blastomicoză
bleach, decolorant ; apă de javel
bleeder, hemofilie
bleeding, hemoragie ; sângerare
– **bleeding time**, timp de sângerare
blend, amestec
blennorrhea, blenoree
blepharitis, blefarită
blepharospasm, blefarospasm
blind, orb
– **blind loop syndrome**, sindromul de ansă
– **blind spot**, punct mort ; pată oarbă
– **blind test**, test orb
blindly, pe nevăzute, orbeşte
blindness, cecitate
blinking, clipit
blister, ampulă ; veziculă
bloated, gonflat
bloating, balonare
block, bloc ; blocaj
blockage, blocaj
blocking antibody, anticorp blocant
blood, sânge
– **blood alcohol level**, alcoolemie
– **blood bank**, bancă (rezervă) de sânge
– **blood brain barrier**, bariera hematoencefalică
– **blood cell**, celule sangvine ; elementele figurate
– **blood cells count**, formula sangvină
– **blood clot**, cheag
– **blood disease**, hemopatie
– **blood flow**, debit sangvin
– **blood gas assay**, gazometrie arterială
– **blood glucose level**, glicemie
– **blood group**, grupă sangvină
– **blood letting**, flebotomie
– **blood potassium concentration**, potasemie
– **blood pressure**, presiune arterială ; tensiune arterială
– **blood sedimentation rate**, viteza de sedimentare
– **blood stream**, circulaţie sangvină
– **blood type**, grupă sangvină
– **blood urea**, uremie
– **blood volume**, volum sangvin ; volemie
blot, pată
blow one's nose, a-şi sufla nasul
blue, albastru
– **blue sclerotics**, sclere albastre

blunt, ascuţit ; contondent
blurred vision, vedere neclară
blurt out, a lăsa să-i scape ; a da drumul
blush, roşeaţă
board, consiliu de conducere, comitet ; planşetă ; tablă
boarder, pensionar
body, corp ; corpuscul ; organism
– **body image**, schemă corporală
– **body surface area**, suprafaţă corporală
– **body weight**, greutate corporală
boil, fierbere
boiling, clocot, fierbere
boisterousness, violenţă
bolus, bol
bond, legătură
bone, os
– **bone age**, vârstă osoasă
– **bone graft**, grefă osoasă
– **bone marrow**, măduvă osoasă
– **bone marrow aplasia**, aplazie medulară
– **bone marrow puncture**, puncţie medulară
– **bone scan**, scintigrafie osoasă
boost, a accelera ; a ridica ; a urca
booster injection, injecţie de rapel
border, graniţă ; margine
borderline, limită
boring, plictisitor
born, naştere
borne, transmis
bottle, biberon ; sticlă
– **bottle fed**, hrănit cu biberonul
bottom, fund
botulism, botulism
bougie, lumânare de ceară
bound, legat
bowel, intestin
– **bowel disorder**, tulburare intestinală
– **bowel habit**, tranzit intestinal
bowleg, genu varum
bra, sutien
brace, aparat ortopedic ; atelă
brachial, brahial
– **brachial artery**, artera brahială
– **brachial neuralgia**, nevralgie brahială
– **brachial plexus**, plexul brahial
brachium, braţ
– **brachium cerebelli**, pedunculi cerebeloşi
brachycephaly, brahicefalie
bracing, contenţie
brackets (in-), paranteze (între)
bradycardia, bradicardie

bradykinin, bradikinină
braid, galon
brain, creier ; encefal
– **brain death**, moarte cerebrală
– **brain stem**, trunchi cerebral
brake, frână
branche, sector ; ramură
branchial, branhial
brass, alamă
breadth, lărgime
break, ruptură ; fractură
breakdown, ruptură
– **nervous-breakdown**, depresie nervoasă
breast, piept ; sân ; torace
– **breast feeding**, alăptare
breath, respiraţie ; halenă
– **breath analyzer test**, testul de determinare a alcoolemiei
– **breath of life**, suflu de viaţă
– **breath sound**, murmur vezicular
breathing, respiraţie, ventilaţie
– **breathing rate**, frecvenţă respiratorie
breathlessness, dispnee
breech, şezut
breed, a da naştere ; a procrea
bregma, bregma
bridle, bridă
briefcase, servietă
bright, sclipitor ; strălucitor
brillancy amplifier, amplificator de strălucire
bring, a aduce
– **bring on**, a provoca
brisk, animat ; viu
brittle bones, oase casante
broad ligament of uterus, ligamentul lat al uterului
broadcast, difuziune ; răspândire
broadened, lărgit
broken, rupt
bromidrosis, bromhidroză
bromism, bromism
bronchial, bronhic
– **bronchial breathing**, suflu tubar
– **bronchial carcinoma**, carcinom bronhic
– **bronchial tube**, bronhie
bronchiectasis, bronşectazie
bronchiole, bronşiolă
bronchiolitis, bronşiolită
bronchitis, bronşită
bronchogenic, bronhogenic
bronchography, bronhografie
broncholith, bronholit
bronchopneumonia, bronhopneumonie
bronchoscope, bronhoscop
bronchoscopy, bronhoscopie
bronchospasm, bronhospasm

bronchus, bronhie
bronzed disease, maladia Addison
broom, mătură
broth, supă
brow, sprânceană
- **brow presentation**, prezentaţie frontală
brown, brun
brucellosis, bruceloză
bruise, contuzie ; echimoză
bruit, gălăgie ; zgomot
brush, perie ; pensulă
bubble, bulă
bubo, bubon
bubonic plague, pestă bubonică
buccal, bucal
buccinator, buccinator
bucket, găleată
buckle, cataramă
bud, burjon
budding, burjonare
buffer, tampon
bug, gândac ; microb
building, clădire
bulb, bulb
bulbar palsy, paralizie bulbară
bulging, umflătură ; proeminenţă
bulimia, bulimie
bulk, creştere în volum ; volum
bulky, abundent ; voluminos
bulla, bulă ; veziculă
bump, izbitură ; şoc ; lovitură
bundle, fascicul, fascie
- **bundle branch block**, bloc de ram
bunion, inflamaţie ; bătătură ; mont
burn, arsură
- **burn out syndrome**, sindromul de epuizare profesională
- **burn up**, epuizare
burr, freză
- **burr hole**, orificiu efectuat cu freza
bursa, bursă
bursitis, bursită
burst, bufeu ; a izbucni
bury, a îngropa
bush, tufiş
bust, piept ; bust
buttock, fese
button, buton ; nasture
buttonhole, butonieră
buzzing in the ears, bâzâit în urechi
bypass, bypass ; scurtcircuit ; derivaţie
byssinosis, bisinoză

C

cachet, caşetă
cachexia, caşexie
cadaver, cadavru
caduceus, caduceu
caesarian section, cezariană
caffeine, cafeină
caisson disease, boală de decompresiune
calcaneal spur, spina calcaneană
calcaneus, calcaneu
calcareous, calcaros
calcemia, calcemie
calciferol, calciferol ; vitamina D
calcification, calcificare
calcitonin, calcitonină
calcium, calciu
– **calcium channel blocker**, inhibitor de calciu
calculus, calcul ; litiază
calendar, calendar
calf, molet
– **calf bone**, peroneu
calibrate, a calibra
calibration, calibrare
calipers, compas pentru calibrare
call for, a necesita
callosity, calozitate
callus, bătătură
calor, căldură
calorie, calorie
calorigenic, calorigen
calorimeter, calorimetru
calvaria, calotă craniană
calyx, calice
canal, canal
canaliculus, canalicul
cancel, a anula ; a rezilia
cancellous, dispus în reţea
– **cancellous bone**, os spongios
cancer, cancer
cancerophobia, cancerofobie
cancroid, cancroid
cancrum oris, noma ; stomatită gangrenoasă
candle, lumânare
canine teeth, canin (dinte)
canister, canistră
canker, ulceraţie
cannabis, cannabis ; haşiş
canned food, conservă
cannula, canulă

cantering rhythm, ritm de galop
cap, bonetă ; capuşon
capacity, capacitate
capillary, capilar
– **capillary fragility test**, test de fragilitate capilară
– **capillary nevus**, angiom plan
capitate, capitat
– **capitate bone**, carpian (marele os)
capsule, capsulă
capsulitis, capsulită
capsulotomy, capsulotomie
caput, cap
– **caput succedaneum**, caput succedaneum
carbohydrate, carbohidrat ; glucid
carbon dioxide gas (CO2), dioxid de carbon (CO2) ; anhidridă carbonică
carbon monoxide poisoning, intoxicaţie cu monoxid de carbon
carboxyhemoglobin, carboxihemoglobină
carbuncle, antrax
carcinogenic, carcinogen
carcinoid, carcinoid
carcinoma, carcinom
carcinomatosis, carcinomatoză
cardia, cardia ; inimă
cardiac, cardiac
– **cardiac failure**, insuficienţă cardiacă
– **cardiac output**, debit cardiac
– **cardiac standstill**, stop cardiac
cardiograph, cardiograf
cardiology, cardiologie
cardiomyopathy, cardiomiopatie
cardiopathy, cardiopatie
cardiospasm, cardiospasm
cardiovascular, cardiovascular
carditis, cardită
care, îngrijire
– **home-care**, îngrijire la domiciliu
– **intensive-care**, reanimare
caregiver, îngrijitor ; ajutor
careless mistake, greşeală de neatenţie
carer, îngrijitor
caries, carie
carina, carenă
caring, luare în îngrijire
carneous, cărnos
carotene, caroten
carotid, carotidă
– **carotid body**, glomus carotidian
– **carotid bruit**, suflu carotidian
– **carotid sinus syncope**, sincopă prin hiperexcitabilitatea sinusului carotidian

carpal tunnel syndrome, sindromul canalului carpian
carpometacarpal, carpometacarpian
carpopedal spasm, spasm carpopedal
carpus, carp
carriage, sarcină
carried out, realizat ; îndeplinit ; dus la bun sfârşit
carrier, purtător
carry out, a realiza ; a îndeplini ; a duce la bun sfârşit
cartridge, cartuş
caruncle, caruncula
case, caz
– **case finding**, depistare
– **case history**, antecedente
– **case report**, caz publicat
– **case report form**, foaie de observaţie
– **case taking**, observaţie
casein, cazeină
Casoni's test, testul Casoni
cassava, manioc
cast, mulaj ; ghips
casting tape, bandă ghipsată
castor bean, ricin
castration, a castra
casual, fortuit ; întâmplător ; neformal
casualty, rănit ; victimă
casuistics, cazuistică ; statistică
cat cry syndrome, sindromul ţipătului de pisică
cat scratch fever, boala ghearelor de pisică ; limforeticuloză benignă de inoculare
catabolism, catabolism
catalepsy, catalepsie
catalyst, catalizator
cataphoresis, cataforeză
cataplexy, cataplexie
cataract, cataractă
catarrh, catar
catatonia, catatonie
catch a cold, a răci
catharsis, catharsis
cathartic, catharctic
catheter, cateter ; sondă
catheterism, cateterism
cation exchange resin, răşină implicată în schimbul de cationi
cauda equina, coada de cal
caudal, caudal
caudate, caudat
caul, bonetă
causative, cauzal
cause for concern, motiv de îngrijorare
caustic, caustic
cautery, cauter
caution, precauţie
cautious, prudent
cavernous, cavernos
– **cavernous hemangioma**, hemangiom cavernos
– **cavernous sinus**, sinus cavernos
cavity, carie ; cavitate, cavernă
cacum, cecum

celiac, celiac
celioscopy, celioscopie
cell, celulă
- **cell body**, corp celular
- **cell membrane**, membrană celulară
- **cell wall**, perete celular
cellular, celular ; telefon mobil
cellulitis, celulită
cellulose, celuloză
centre, centru
centigrade, centigrad
centimeter (cm), centimetru (cm)
central nervous system (CNS), sistem nervos central (SNC)
centrifugal nerve fibre, fibră nervoasă centrifugă
centrifuge, centrifug
centripetal, centripet
centromere, centromer
centrum, centru
cephalic, cefalic
cephalocele, cefalocel
cephalometry, cefalometrie
cercaria, cercar
cerebellum, cerebel
cerebral, cerebral
- **cerebral palsied**, paralizat (infirm motor) cerebral
- **cerebral palsy**, paralizie cerebrală
cerebration, cerebralitate ; gândire
cerebrospinal fluid (CSF), lichid cefalorahidian (LCR)
cerebrovascular accident, accident vascular cerebral
cerebrum, creier
certificable disease, boală obligatoriu de declarat
cerumen, cerumen ; ceară
cervical, cervical
- **cervical pleura**, dom pleural
cervicectomy, cervicectomie
cervicitis, cervicită
cervix uteri, col uterin
cestode, cestod
chain, lanţ
chair, scaun
challenge, provocare
chamber, cavitate ; cameră
chance, şansă
chancre, şancru
chancroid, şancroid
change, schimbare ; modificare
channel, canal
chapped, crăpat
charge, încărcătură ; preţ ; acuzaţie
charity, fundaţie caritabilă
charleyhorse, crampă
chart, grafic ; schemă
chat, taifas ; a sta la taclale
cheap, ieftin
check, verificare
- **check for**, a verifica
checkup, bilanţ ; examen de rutină
cheek, obraz

– **cheek bone**, osul malar
cheilitis, cheilită
cheiloplasty, cheiloplastie
chelating agent, agent chelator
chemistry, chimie
chemoreceptor, chemoreceptor
chemosis, chemozis
chemotaxis, chemotaxie ; chimiotactism
chemotherapy, chimioterapie
chemotropism, chemotropism
chest, piept ; torace
– **chest film**, radiografie toracică
– **chest wall**, perete toracic
chew, a mesteca
chiasma, chiasmă
chickenpox, varicelă
chief executive, director general
chigger, purice-de-nisip
chilblain, eritem pernio
child, copil
childbirth, naştere
childhood, copilărie
chill, frison ; răceală
chimera, himeră
chin, bărbie ; menton
chip, aşchie ; fragment
chiropodist, chiropodist
chiropractor, chiropractor
chloasma, cloasmă
chloride, clorură
chloroform, cloroform
chloroma, clorom
choanae, coane
choice, alegere ; alternativă
choke, a (se) sufoca
cholagogue, colagog
cholangiogram, colangiogramă
cholangitis, angiocolită ; colangită
cholecystectomy, colecistectomie
cholecystitis, colecistită
cholecystography, colecistografie
cholecystolithiasis, litiază colecistică
cholecystostomy, colecistostomie
choledocholithotomy, coledocolitotomie
choledochotomy, coledocotomie
cholelithiasis, colelitiază
cholemia, colemie
cholera, holeră
cholesteatoma, colesteatom
cholesterol, colesterol
cholinergic, colinergic
cholinesterase, colinesterază
choluria, colurie
chondralgia, condralgie ; condrodinie
chondriome, condriom
chondritis, condrită
chondroma, condrom

chondromalacia, condromalacie
chondrosarcoma, condrosarcom
choose, a alege
chorda, coardă
chordee, cordea
chorditis, cordită
chorea, coree
chores, treburi domestice
chorion, corion
chorionic villus, vilozităţi corionice
choroid, coroid
choroiditis, coroidită
choroidocyclitis, coroidociclită
christian name, prenume
chromatin, cromatină
chromatography, cromatografie
chromophobe adenoma, adenom cromofob
chromosome, cromozom
chronic, cronic
chyle, chil
chylomicron, kilomicron
chylous, cilifer
chyme, chim
cicatricial, cicatricial
cicatrix, cicatrice
cidal effect, efect litic
cilia, cil
ciliary body, corp ciliar
ciliated epithelium, epiteliu ciliar
cinchonism, chinchinism
circadian, circadian
– **circadian rhythm**, ritm circadian
circinate, circinat
circulation, circulaţie
circumcision, circumcizie
circumflex nerve, nerv circumflex
circumscribed, circumscris
cirrhosis, ciroză
cirsoid, cirsoid
cistern, cisternă ; bazin
cisternal puncture, puncţie cisternală
citric acid cycle, ciclul Krebs ; ciclul acidului citric
civil servant, funcţionar
claim, pretenţie ; revendicare
clamp, pensă
clap, pocnitură ; aplauze
clapping, percuţie toracică
clasp, clamă ; agrafă
– **clasp knee reflex**, reflex rotulian
class, clasă ; curs
claudication, claudicaţie
claustrophobia, claustrofobie
clavicle, claviculă
clavus, clavus ; bătătură
clawhand, mână de mamoş
clean, curat
cleaning, curăţenie
clear, clar ; evident ; a debarasa
– **clear cut**, precis ; net ; clar

– **clear up a point**, a elucida
clearance, clearance
clearing of throat, raclaj faringian
cleavage, clivaj ; segmentaţie
cleft, despicătură ; fantă ; fisură
– **cleft palate**, despicătură palatină
cleidocranial dysostosis, disostoză cleidocraniană ; sindromul Marie-Sainton
cleidotomy, cleidotomie
clever, inteligent
click, pocnitură ; ţăcănit
climacteric, climacteriu ; menopauză
climax, climax ; apogeu ; orgasm
climbing fiber, fibră aferentă
cling, a adera ; a se ţine de
clinic, clinică
clinical, clinic
– **clinical assessment**, evaluare clinică
– **clinical evidence**, semne clinice
– **clinical pattern**, tablou clinic
– **clinical record**, fişă clinică
– **clinical signs**, semne clinice
– **clinical trial**, probe clinice
clinician, clinician
clip, agrafă ; clemă
clitoris, clitoris
clock, ceas
clockwise, în sensul acelor de ceasornic
clogged, obstruat
clonic, clonic
close, închis
clot, cheag
cloth, material ; cârpă
clothes, haine
clotting, coagulare
clubbing, hipocratism digital
clubfoot, picior varus equin
clue, indiciu
clumping, aglutinare
clumsy, neîndemânatic ; stângaci
cluster, grămadă ; serie
– **cluster headache**, algia vasculară a feţei
cnemial, tibial
CNS (central nervous system), SNC (sistem nervos central)
coaching, antrenare ; însoţire ; coaching
coagulation, coagulare
coarctation, coarctaţie
coat, strat ; căptuşire
coated tongue, limbă saburală
cobalt, cobalt
cocaine, cocaină
– **cocaine addiction**, dependenţă de cocaină ; cocainomanie

coccus, coc
coccydynia, coccigodinie ; coccidinie
coccyx, coccis
cochlea, cohlee
cock-up splint, atelă pentru dorsiflexia încheieturii mâinii
cod, batog
code, cod ; cifru
codeine, codeină
coding, codificare
codominance, codominanţă
codon, codon
coenzyme, coenzimă
cofactor, cofactor
cog wheel, roată dinţată
cognition, cunoştinţă
cognitive disorders, tulburări cognitive
coil, spirală ; sterilet
coitus, coit
cold, frig ; răceală
 – **cold sore**, herpes labial
colectomy, colectomie
colic, colică
coliform, relativ la bacilul coli
colitis, colită
collagen, colagen
collapse, colaps
collapsed, colabat
collarbone, claviculă
collate, a colaţiona
collateral, colateral
collection, colecţie ; colectare ; prelevare
colloboma, colobom
collodion, colodiu
colloid, coloid
colloquial, colocvial ; familiar
coloboma, colobom
colon, colon
colony, colonie
color, culoare
 – **color blindness**, daltonism
 – **color chart**, scală colorimetrică
colostomy, colostomie
colostrum, colostru
colotomy, colotomie
colpitis, colpită ; vaginită
colpocele, colpocel
colporrhaphy, colporafie
colposcope, colposcop
colpotomy, colpotomie
column, coloană
coma, comă
comatose, comatos
comb, pieptene
combination, asociere
comedo (*pl.* **comedones**), comedon (comedoane)
comfort, confort
command, ordin
commensal, comensal
comment, comentariu
commissura, comisură
commisural syndrome, sindromul de deconexiune interemisferică
commitment, angajament
common, comun ; obişnuit

communicable disease, boală transmisibilă
communication, comunicare
community (in the), comunitate (în) ; în afara spitalului
community acquired, contractat înainte de spitalizare
community use, utilizare în afara spitalului
compact, compact ; concis
compartment, compartiment ; spaţiu
compass, busolă ; compas
compatibility, compatibilitate
compendium, compendiu
compensation, compensaţie
compensatory hypertrophy, hipertrofie compensatorie
complain, a (se) plânge
complaint, plângere ; reclamaţie
complement, complement
– **complement fixation test**, testul de fixare a complementului
complete, complet ; întreg
– **complete blood count**, formula sangvină completă
complex, complex
compliance, îngăduinţă ; consimţământ ; conformitate
complicated, complicat
complication, complicaţie
complimentary, gratuit
comply, a accepta
component, component
compound, compus
– **compound fracture**, fractură deschisă
comprehension, înţelegere
comprehensive, cuprinzător
compress, compresă
compression, comprimare ; reducere
compulsory, obligatoriu
computer, computer
computer-aided, asistat de calculator
computerized, computerizat ; informatizat
concavity, concavitate
concentrate, concentrat
concentration, concentrare
concentric, concentric
conception, concepţie
concern, grijă ; preocupare
concha, concă
concretion, calcul ; concreţiune
concurrent, simultan
concussed, comoţionat
condensation, condensare
condenser, condensator
condition, stare ; afecţiune
conditioned reflex, reflex condiţionat
conditioning, condiţionare
condom, prezervativ
conduct, conduită ; a realiza
conductance, conductanţă
conduction, conducţie
conductor, conductor
condyle, condil
condyloma, condilom

cone, con
confabulation, confabulaţie
confidence, încredere
 – **confidence interval**, interval de încredere
confinement, internare
confirmed, confirmat ; dovedit
conflict, conflict
conflicting, contradictoriu
confusion, confuzie
congenital, congenital ; înnăscut
 – **congenital heart disease**, cardiopatie congenitală
congestion, congestie
congestive heart failure, insuficienţă cardiacă congestivă
congress, congres
conization, conizare ; biopsia colului cervical
conjugate, conjugat
 – **conjugate diameter**, diametru promonto-retropubian
conjunctiva, conjunctivă
conjunctivitis, conjunctivită
connective, conjunctiv ; conectiv
 – **connective tissue disorders**, maladie de sistem
consanguinity, cosangvinitate
conscious, conştient
conservative, conservator
consistent, compatibil ; constant
consolidation, consolidare
constant, constant
constipation, constipaţie
constitutional, constituţional
constriction, constricţie ; sugrumare
consumption, consum
contact, contact
 – **contact lens**, lentilă de contact
contagious, contagios
container, recipient
contaminated, contaminat
content, conţinut
contraception, contracepţie
contraceptive, anticoncepţional ; contraceptiv
 – **contraceptive pill**, contraceptiv oral
contraction, contracţie
contraindication, contraindicaţie
contralateral, controlateral
control, control ; verificare
controlled, echilibrat
contusion, contuzie
convalescence, convalescenţă
convection, convecţie
convenient, convenabil ; practic
convergence, convergenţă
conversion, conversie
convex, convex
convolution, circumvoluţiune
convulsion, convulsie
cool, rece
cooling, răcoritor ; calmant

Coombs' test, testul Coombs ; testul la antiglobulină
cope, a face faţă
copper, cupru
copulation, copulaţie
copy, copie ; exemplar
cor pulmonale, cord pulmonar
coracoid, coracoid ; coracoidian
cord, cord ; cordon
– **cord compression**, compresie medulară
core, miez ; nucleu ; parte centrală
– **core of boil**, burbion
cork handler's disease, suberoză
corn, bătătură
cornea, cornee
corneal, cornean
corona dentis, coroană dentară
coronal suture, sutură coronală
coronary vessel, vas coronar
coroner, coroner
coronoid, coronoidă ; coronoidian
corpse, cadavru
corpulence, corpolenţă
corpulency, corpolenţă
corpus, corp
– **corpus callosum**, corpul calos
– **corpus ciliare**, corpul ciliar
– **corpus luteum**, corpul galben
corpuscule, corpuscul
corrective, corectiv
corrosive, coroziv
cortex, cortex
cortical, cortical
corticosteroid, corticosteroid
corticotrophic, corticotrop
cortisol, cortizol
cortisone, cortizon
coryza, coriză
cosmetic, cosmetic
cost, cost ; cheltuială
costal, costal
cost-effectiveness, raportul cost-eficienţă
costochondritis, costocondrită
cot, pat de copil
– **cot death**, moartea subită a nou-născutului
cotton wool, vată
couch, canapea
coughing fit, acces de tuse
cough-relieving, antitusiv
counseling, consultaţie ; consiliere ; recomandare
count, numărare
counter, contor
– **counter irritation**, revulsie
countercurrent, contra curent
counting, numărătoare
coupling, cuplaj
course, curs ; evoluţie ; traiect
cover, cuvertură ; husă ; copertă

coverage, acoperire
cowpox, variolă
cow's milk, lapte de vacă
coxa, şold
coxalgie, coxalgie
crab louse, păduche lat
crack, crăpătură ; fisură
– **crack one's knuckles**, a-şi pocni degetele
cracked lip, buze crăpate
cradle, leagăn
cramp, crampă
cranial, cranian
cranioclast, cranioclast
craniometry, craniometrie
craniopharyngioma, craniofaringiom
craniostenosis, craniostenoză
craniosynostosis, craniosinostoză
craniotabes, craniotabes
craniotomy, craniotomie
cranium, craniu
crasis, amestec de constituenţi ; temperament
craving, dorinţă obsedantă
cream, cremă ; smântână
crease, cută ; pliu
creatine, creatină
creatinine, creatinină
creep, a se târî
creeping disease, miază cutanată rampantă
crenotherapy, cură termală
crepitus, crepitaţie
crescent, crescător ; crescând
crest, creastă
cretinism, cretinism
crevice, crevasă
cribriform, cribriform
cricoid, cricoid ; cricoidian
cripple, infirm ; invalid ; paralizat
crippling disease, boală invalidantă
crisis, criză
criteria, criteriu
critical, critic
crossed laterality, lateralitate încrucişată
cross-eye, strabism convergent
cross-immunity, imunitate încrucişată
cross-infection, infecţie încrucişată ; infecţie secundară ; infecţie supraadăugată
crossing over, încrucişare ; intersectare
cross-link, formare de legături
cross-matching, compatibilitate sangvină
cross-over, încrucişare
cross-resistence, rezistenţă încrucişată
cross-section, secţiune transversală
croup, crup
crowding, aglomeraţie
crown, coroană
crucial, crucial
cruciform, cruciform
crude, brut ; grosier

crural, crural
crus, peduncul
crush syndrome, sindrom de strivire
crust, crustă
crutch paralysis, paralizie determinată de compresia exercitată de cârjele axilare
crutches, cârje
cry, ţipăt ; plâns
cryesthesia, criestezie ; crioestezie
crying fit, acces de plâns
cryoanalgesia, crioanalgezie
cryosurgery, criochirurgie
cryotherapy, crioterapie
cryptorchism, criptorhidie
crystalloid, cristaloid
crystalluria, cristalurie
CSF, LCR
CTscan, tomodensitometrie
cubic millimeter, milimetru cub
cubicle, compartiment
cubitus, cubitus ; cot
cuddle, a răsfăţa
cue, semnal
cuff, încheietura mâinii ; brasardă
cuffed tube, sondă cu balon
culdoscopy, culdoscopie
culprit, vinovat
culture, cultură
cumulative action, efect cumulat
cuneiform, cuneiform
cup, cupă ; ceaşcă
cupping glass, ventuză
curare, curara
curative, curativ
cure, remediu ; cură ; tratament
curretage, chiuretaj
curette, chiuretă
curl, buclă
curled up position, poziţie în cocoş de puşcă
current, actual ; curent
currently, acum ; (în) prezent
curtain, perdea ; cortină
curve, curbă
cushion, pernă
cusp, valvă ; cuspid
cut, tăietură ; a tăia
– **cut off**, limită
cutaneous, cutanat
cuticle, cuticulă
cutis, dermă
cutting, secţiune ; tăios
cyancobalamin, ciancobalamină
cyanosis, cianoză
cycle, ciclu
cyclical vomiting, vomismente acetonemice
cyclitis, ciclită
cyclodialysis, ciclodializă
cycloplegia, cicloplegie
cyclothymia, ciclotimie
cyclotomy, ciclotomie
cyst, chist
cystadenoma, ademon chistic

cystectomy, chistectomie
cystic, cistic
- **cystic duct**, canal cistic
- **cystic fibrosis**, mucoviscidoză ; fibroză chistică

cysticercosis, cisticercoză
cystinosis, cistinoză
cystinuria, cistinurie
cystitis, cistită
cystocele, cistocel
cystography, cistografie
cystolithiasis, cistolitiază ; calcul vezical
cystometry, cistometrie
cystoscope, cistoscop
cystostomy, cistostomie
cytochrome, citocrom
cytogenetics, citogenetică
cytology, citologie
cytolisis, citoliză
cytometer, citometru
cytopathic, citopatogen
cytoplasm, citoplasmă
cytotoxic, citotoxic
cytotoxin, citotoxină
cytotrophoblast, citotrofoblast

D

dacryoadenitis, dacrioadenită
dacryocystitis, dacriocistită
dacryocystorhinostomy, dacriocistorinostomie
dacryolith, dacriolit
dactyl, deget
dactylitis, dactilită
dactylology, dactilologie
daily, zilnic ; cotidian
daltonism, daltonism
damage, alterare ; leziune
damp, umed
damping, amortizare
dandruff, mătreaţă
dark adaptation, adaptare la întuneric
darwinism, darwinism
data, date ; fapte ; informaţii
– **data base**, bază de date
– **data file**, fişier
– **data processing**, procesarea datelor
date, dată
– **make a date**, a da o întâlnire
daughter, fiică
day, zi
– **day light**, lumina zilei
– **day nursery**, creşă
daycare center, centru de supraveghere
dead, mort
– **dead space**, spaţiu mort
– **dead volume**, spaţiu mort respirator
deadline, dată-limită
deadly, mortal
deaf, surd
deaf-mute, surdo-mut
deafness, surditate
deal with, a avea de-a face cu ; a se confrunta cu
deamination, dezaminare
death, deces ; moarte
– **sudden-death**, moarte subită
debility, debilitate
decade, decadă ; deceniu
decapitation, decolare ; decapitare
decay, descompunere
decerebrate, decerebrat
– **decerebrate rigidity**, rigiditate de decerebrare

decibel (db), decibel (db)
decidua, depăşit ; decidua
deciduous teeth, dinţi de lapte
decline, reducere ; declin ; a refuza
decompensation, decompensare
decompression, decompresare ; decompresiune
– **decompression sickness**, boală de decompresiune
deconditioning, decondiţionare
decrease, scădere ; diminuare
decrement, diminuare
decubitus, decubit
– **decubitus ulcer**, escară de decubit
decussation, decusaţie
deep, profund
– **deep reflex**, reflexe osteo-tendinoase
defecation, defecaţie
defect, anomalie ; defect ; tară
defibrillator, defibrilator
defibrinated, defibrinat
deficiency, carenţă ; deficit ; deficienţă ; insuficienţă
– **deficiency disease**, maladie prin carenţă
deformity, deformare ; diformitate
degeneration, degenerare ; degenerescenţă
deglutition, deglutiţie
degradation, degradare
dehydration, deshidratare
dehydrogenase, dehidrogenază
dejecta, excremente ; dejecţii
dejection, dejecţie ; melancolie
delay, întârziere ; retard
delayed insulin, insulină retard
deletion, suprimare ; ştergere
delirium, delir ; confuzie mentală
– **delirium tremens**, delirium tremens
deliver, a trimite, a livra
delivery, naştere
deltoid, deltoid ; deltoidian
delusion, delir ; halucinaţie
delusional, delirant
demand, cerere ; revendicare
demanding, solicitant
demarcation, demarcaţie
dement, dement
dementia, demenţă
demography, demografie
demulcent, emolient ; atenuant
demyelinating disease, afecţiune demielinizantă
denaturation, denaturare
dendrite, dendrită
denervated, denervat
dengue, boală infecţioasă virală tropicală
denial, negare
density, densitate
dental, dentar

– **dental calculus**, tartru
– **dental decay**, carie
dentate, dentat
dentatum, olivă cerebeloasă
dentin, dentină
dentist, dentist
dentition, dentiţie
denture, proteză
denutrition, denutriţie
deny, a nega
deodorant, deodorant
deoxidation, dezoxidare
deoxyribonucleic acid (DNA), acid dezoxiribonucleic (ADN)
dependable, sigur ; fiabil
dependence, dependenţă
dependent, persoană aflată în întreţinere/îngrijire
depersonalization, depersonalizare
depilatory, depilator
depletion, depleţie
deposit, depozit ; precipitat
depressant, sedativ
depressed, deprimat
depression, depresie
deprivation, carenţă ; privare
depth, profunzime ; adâncime
derelicty, abandonat ; părăsit
derivation, derivaţie
derivative, derivat
derma, derm ; piele
dermatitis, dermatită
dermatoglyphics, dermatoglife
dermatography, dermatografie
dermatologist, dermatolog
dermatology, dermatologie
dermatome, dermatom
dermatomycosis, dermatomicoză
dermatomyositis, dermatomiozită
dermatophyte, dermatofit
dermatosis, dermatoză
dermis, dermă
dermographia, dermografie
dermoid cyst, chist dermoid
descending, descendent
desensitization, desensibilizare
dessication, desicare
design, design ; schemă
desmoid, desmoid
despite, în ciuda
desquamation, descuamare
detachment, detaşare ; decolare
detergent, detergent
deterioration, deteriorare
determination, determinare ; evidenţiere
detoxication, dezintoxicare
detrimental, nociv
detritus, detritus
detrusor urinae, detrusor
deuteranomaly, deuteranomalie

development, dezvoltare
developmental milestones, dezvoltare psihomotorie
deviation, deviaţie
device, aparat ; dispozitiv ; sterilet
dexter, drept ; din dreapta
dextran, dextran
dextrine, dextrină
dextrocardia, dextrocardie
dextrose, dextroză
dhobie itch, tinea pedis
diabetes, diabet
– **diabetes insipidus**, diabet insipid
– **diabetes mellitus**, diabet mellitus ; diabet zaharat
diabetic, diabetic
diabetogenic, diabetogen
diacetic acid, acid diacetic
diagnosis, diagnostic
diagram, diagramă ; grafic ; organigramă ; schemă
dial, a forma un număr de telefon
dialysis, dializă
diameter, diametru
diapedesis, diapedeză
diaper, scutec
– **diaper rash**, eritem fesier cauzat de scutece
diaphoretic, diaforetic
diaphragm, diafragmă
diaphragmatic hernia, hernie diafragmatică
diaphysis, diafiză
diarrhea, diaree
diarthrosis, diartroză
diary, jurnal
diastase, diastază
diastole, diastolă
diastolic, diastolic
diathermy, diatermie
diathesis, diateză
dicrotic, dicrot
die, a muri
dielectric, dielectric
diet, alimentaţie ; regim alimentar ; dietă
dietary, alimentar
dietetics, dietetică
dietitian, dietetician
differential, diferenţial
– **differential leucocyte count**, formula leucocitară
diffraction, difracţie
diffusion, difuziune ; răspândire
digestion, digestie
digit, deget
digitalis, digital
dilatation, dilatare
dilator, dilatator
dilution, diluţie
dimercaprol (BAL), dimercaprol (BAL)
dimmed, întunecat
dimple, fosetă
dioptre, dioptrie
dioxide, dioxid
diphtheria, difterie
diplegia, diplegie

diplococcus, diplococ
diploid, diploid
diplopia, diplopie
dipsomania, dipsomanie
dipstick, bandă reactivă
director, director ; îndrumător
dirty, murdar
– **dirty linen**, lenjerie murdară
disability, incapacitate ; invaliditate
disabled, infirm
disabling illness, maladie invalidantă
disaccharide, dizaharid
disagreement, dezacord
disappearance, dispariţie
disarticulation, dezarticulare
discard, a înlătura ; a rejeta
discharge, descărcare ; scurgere ; evacuare ; eliberare
discomfort, disconfort ; jenă
discontinuation, oprire
discrepancy, dezacord ; divergenţă ; nepotrivire ; discrepanţă
discrete, discret
discussion, discuţie ; dezbatere
disease, afecţiune ; boală
– **disease outcom**, evoluţia bolii
dish, recipient
disinfectant, dezinfectant
disinfectation, dezinfectare
disjunction, disjuncţie
disk, disc ; dischetă
– **disk drive**, HDD, hard-disk drive
dislocation, luxaţie ; dislocare
disorder, tulburare ; lezare
disorientation, dezorientare
dispensing, eliberare de medicamente
displacement, deplasare ; dislocare
display, expoziţie, prezentare
disposable, de unică folosinţă
disposal, eliminare
disproportion, disproporţie
disprove, a combate
disruption, ruptură
dissection aneurysm, anevrism disecant
dissection, disecţie
disseminated, diseminat
– **disseminated sclerosis**, scleroză diseminată ; scleroză în plăci
dissociation, disociere
dissolution, disoluţie
distal, distal
distended, dilatat
distichiasis, rând suplimentar de gene, întoarse spre ochi
distillaton, distilare
distorted, deformat
distress, detresă ; suferinţă
distribution, repartiţie ; distribuţie
disturbance, perturbare ; tulburare

disuse, abandon ; neutilizare
diuresis, diureză
diuretic, diuretic
diurnal, diurn
dive, a plonja
diverticulitis, diverticulită
diverticulosis, diverticuloză
diverticulum, diverticul
diving, scufundare
divisible, divizibil
division, diviziune
dizygotic twins, gemeni heterozigoţi
dizziness, vertij ; ameţeală
DNA, ADN
documented, documentat
dolor, dolor ; durere
dominant, dominant
donor, donor
dopa reaction, reacţie dopa
dopamine, dopamină
dope, a administra un narcotic ; dopant
doping, dopaj
dorsal, dorsal
– **dorsal root**, rădăcină dorsală
dorsiflexion, dorsiflexie
dorsum, dos
dosage, dozaj ; posologie
dose, doză
– **dose regimen**, posologie
dosing interval, intervalul dintre prize
dot, punct ; pată
double, dublu
– **double vision**, diplopie
double-blind trial, încercare dublu orb
doubtful, incert
douche, lavaj vaginal
Douglas' pouch, fundul de sac Douglas
down, jos
download, a descărca de pe un site
Down's syndrome, sindromul Down ; trisomie 21
downsize, a degresa
draft, curent de aer
drag, a târî ; a trage
drain, a drena ; drenaj ; dren
drainage tube, tub de dren ; drenaj
dramatic, dramatic ; spectaculos
drape, câmp operator
drastic, drastic ; radical
draught, curent de aer
drawback, inconvenient
drawer, sertar
drawing, desen
drawsheet, aleză
dream, vis
drench, a uda ; a stropi
dressing, pansament, faşă
dribble, a picura ; a saliva
drift, derivaţie
drill, freză, burghiu
drink, a bea
drinking water, apă potabilă

drip, picurare
– **intravenous-drip**, perfuzie
drive, a conduce ; pulsiune
drop, picătură ; strop ; reducere
– **drop by drop**, picătură cu picătură
– **drop foot gait**, deficit de dorsiflexie a genunchiului şi degetelor
droplet infection, infecţie prin aerosoli
dropper, pipetă ; instilator
dropsy, hidropizie
drought, uscăciune
drowning, înec ; inundare
drowsiness, somnolenţă
drowsy, somnolent
drug, medicament ; drog
– **drug addiction**, toxicomanie
– **drug agency**, firmă de medicamente
– **drug dependance**, farmacodependenţă
– **drug eruption**, dermatită medicamentoasă
– **drug reaction**, reacţie medicamentoasă
– **drug related**, medicamentos
– **drug surveillance**, farmacovigilenţă
– **drug withdrawal**, retragerea unui medicament
drug-fast, rezistent la medicamente
drumhead, membrana timpanului
drunken gait, mers clătinat, împleticit
drunkenness, ebrietate
dry, sec
dry ice, zăpadă carbonică
dryer, uscător
drying stove, etuvă
duct, canal ; duct ; conduct
ductless glande, glandă endocrină
ductus, canal ; conduct
– **ductus arteriosus**, canal arterial
dull, debil ; lent ; plicticos ; surd
dullness, matitate
dumb, mut
dumping syndrome, sindrom de dumping
duodenal, duodenal
duplication, duplicaţie ; dedublare
dura mater, dura mater
duration, durată
dust, praf
duty, datorie ; obligaţie
dwarf, pitic
dye, colorant ; vopsea
dying, muribund
dying-back neuropathy, neuropatie cu degenerescenţă retrogradă
dysarthria, disartrie

dyschesia, dischezie
dyschondroplasia, discondroplazie
dyscoria, discorie
dysdiadocokinesia, disdiadocochinezie
dysentery, dizenterie
dysesthesia, disestezie
dysfunction, disfuncţie
dyskinesia, dischinezie
dyslalia, dislalie
dyslexia, dislexie
dysmenorrhea, dismenoree
dysostosis, disostoză
dyspareunia, dispareunie
dyspepsia, dispepsie
dysphegia, disfagie
dysplasia, displazie
dyspnea, dispnee
dystocia, distocie
dystrophy, distrofie
dysuria, disurie

E

e.g., de exemplu
eager, curios
ear, ureche
– **ear bone**, os al urechii
– **ear drum**, timpan
– **ear mold**, aparat auditiv
– **ear wax**, cerumen
earache, otalgie ; otită
earlier, precedent
early, precoce
earn, a câştiga bani
ear-nose-throat (ETN), otorinolaringologie (ORL)
earth, pământ
ease, a uşura ; a atenua
easy, uşor ; facil
eat, a mânca
eating disorder, tulburare de alimentaţie
ebriety, ebrietate
ecchondroma, econdrom
ecchymosis, echimoză
Echinococcus, echinococ
echocardiography, ecocardiografie
echolalia, ecolalie
eclampsia, eclampsie
ecmnesia, amnezie anterogradă
ecology, ecologie
ectasia, ectazie
ectoderm, ectoderm
ectogenous, exogen
ectopic, ectopic
– **ectopic pregnancy**, sarcină extrauterină
ectrodactylia, ectrodactilie
eczema, eczemă
eddy, vârtej
edema, edem
edematous, edematos
edge, muchie ; margine
editor, redactor
education, educaţie
effect, efect ; influenţă
effective, eficient
effleurage, efloraj
effluent, scurgere poluantă
effort, efort
– **effort angina**, angină de efort
– **effort syndrome**, sindrom de efort ; astenie neurocirculatorie
effusion, efuziune

egg, ou
egocentric, egocentric
ejaculation, ejaculare
elastic, elastic
elastin, elastină
elastosis, elastoză
elation, exaltare
elbow, cot
elderly, persoane în vârstă
elective, electiv ; facultativ
electrocardiogram (ECG), electrocardiogramă (EKG)
electrocardiophonography, electrocardiofonografie
electroconvulsive therapy, electroşoc
electrode, electrod
electroencephalogram (EEG), electroencefalogramă (EEG)
electrolysis, electroliză
electrolyte, electrolit
electromagnetic, electromagnetic
electromotive force, forţă electromotoare
electromyography (EMG), electromiografie (EMG)
electron, electron
– **electron microscopy**, microscopie electronică
electrophoresis, electroforeză
electroretinogram, electroretinogramă
element, element
elephantiasis, elefantiazis ; limfangită endemică tropicală
elevator, ascensor ; elevator
elimination, eliminare
elixir, elixir
elusive, insesizabil
elution, eluţiune
embolectomy, embolectomie
embolism, embolism
embryo, embrion
embryology, embriologie
embryoma, embriom
embryopathy, embriopatie
embryotome, embriotom
embryotomy, embriotomie
emergence, apariţie
emergency, urgenţă
emesis, vomisment
emetic, emetic
emiction, micţiune
eminence, eminenţă
emission, emisie
emmetropia, emetropie
emollient, emolient
emotion, emoţie
empathy, empatie
emphasis, accent
emphysema, emfizem
empiricism, empirism
employment, ocupaţie
empty, gol ; vid
emptying, golire
empyema, empiem
emulsion, emulsie
enamel, smalţ
enarthrosis, enartroză
encephalic, encefalic
encephalitis, encefalită

encephalocele, encefalocel
encephalography, encefalografie
encephalomacia, encefalomacie
encephalomyelitis, encefalomielită
encephalon, encefal
encephalopathy, encefalopatie
enchondroma, encondrom
encopresis, encoprezis
encounter, a întâlni
encysted, închistat
end, extremitate ; terminaţie
– **end organ**, terminaţia unui nerv aferent
– **end plate**, placă motorie
– **end point**, punct final
– **end stage**, stadiu terminal
endarteritis, endarterită
endemic, endemic
ending, final
endocarditis, endocardită
endocervicitis, endocervicită
endocrine, endocrin
endocrinology, endocrinologie
endoderm, endoderm
endogenous, endogen
endolymph, endolimfă
endometrioma, endometriom
endometriosis, endometrioză
endometritis, endometrită
endometrium, endometru
endoneurium, endonerv
endoplasmic reticulum, reticul endoplasmatic
endorphin, endorfină
endoscope, endoscop
endothelioma, endoteliom
endotoxin, endotoxină
endotracheal, endotraheal
endow, a dota
enema, lavaj
energy, energie
– **energy balance**, bilanţ energetic
– **energy output**, consum de energie
– **energy transfer**, transfer energetic
enervating, enervant
engineer, inginer
engineering, inginerie
enhancement, creştere
enkephalin, encefalină
enlargement, amplificare, mărire
enophthalmos, enoftalmie
enostosis, enostoză
enrollment, înrolare ; înscriere
ensiform cartilage, apendice xifoid
ensure, a (se) asigura
ENT, ORL
enternal feeding, alimentare parenterală
enterectomy, enterectomie
enteric, enteric ; intestinal
– **enteric fever**, febră tifoidă

enteritis, enterită
enterobiasis, oxiuroză
enterocele, enterocel
enterococcus, enterococ
enterocolitis, enterocolită
enterokinase, enterochinază
enterolith, enterolit
enteroptosis, enteroptoză
enterostenosis, enterostenoză
enterotomy, enterotomie
entrance, admitere ; intrare
entrapment, prins în cursă
 – **entrapment neuropathy**, sindrom canalar
enucleation, enucleare
enuresis, enurezis
environment, mediu ambiant
enzyme, enzimă
eosin, eozină
eosinophil, eozinofil
eosinophilia, eozinofilie
ependyma, ependim
ependymoma, ependimom
ephedrine, efedrină
ephelis, efelidă
epiblepharon, epiblefaron
epicardium, epicard
epicondyle, epicondil
epicondilitis, epicondilită
epicranium, epicraniu
epidemic, epidemie ; epidemic
epidemiology, epidemiologie
epidermis, epidermă
epidermolysis, epidermoliză
epidermophytosis, epidermofitoză ; epidermofiţie
epididymitis, epididimită
epididymo-orchitis, orhiepididimită
epidural, epidural
 – **epidural analgesia**, anestezie periduralã
 – **epidural hematoma**, hematom epidural
epigastrium, epigastru
epiglottis, epiglotă
epilation, epilare
epilepsy, epilepsie
epileptic seizure, criză epiteptică
epileptiform, epileptiformă
epileptogenic, epileptogen
epileptogenous, epileptogen
epimenorrhea, polimenoree
epinephrine, adrenalină ; epinefrină
epineurium, epinerv
epiphysis, epifiză
 – **epiphysis cerebri**, glandă pineală
epiphysitis, epifizită
epiploon, epiplon
episcleritis, episclerită
episiotomy, episiotomie
epistaxis, epistaxis
epithelial, epitelial
 – **epithelial cast**, cilindru epitelial
ephitelioma, epiteliom
epithelium, epiteliu

epithrochlea, epitrohlee
equal, egal
equilibrium, echilibru
equine gait, stepaj
equipment, echipament ; aparatură ; materiale
erect, ridicat ; drept
erectile, erectil
erector, erector
ergograph, ergograf
ergometer, ergometru
ergonomics, ergonomie
ergosterol, ergosterol
ergotism, ergotism
erosion, eroziune
erotic, erotic
error, eroare
eructation, eructaţie
erysipelas, erizipel
erysipeloid, erizipeloid
erythema, eritem
– **erythema multiforme**, eritem polimorf
– **erythema nodosum**, eritem nodos
erythroblast, eritroblast
erythroblastosis fetalis, eritroblastoză fetală ; maladia hemolitică a nou-născutului
erythrocyanosis, eritrocianoză
erythrocyte, eritrocit ; globulă roşie ; hematie
– **erythrocyte sedimentation rate**, viteza de sedimentare a hematiilor
erythrocytopenia, eritrocitopenie
erythrocytosis, eritrocitoză
erythroderma, eritrodermie
erythropoiesis, eritropoieză
escape, scurgere
eschar, escară
eserine, ezerină
esophageal, esofagian
esophagectomy, esofagectomie
esophagitis, esofagită
esophagoscopy, esofagoscopie
esophagus, esofag
esoteric, ezoteric
esotropia, esotropie
essentiae, esenţă
essential, esenţial
estrogen, estrogen
ethanol, etanol
ethics, etică
ethmoid, etmoid
ethnology, etnologie
ethylism, etilism
etiology, etiologie
eugenics, eugenism
eunuch, eunuc
euphoria, euforie
euploid, euploid
euthanasia, eutanasie
evacuation, evacuare
evaporation, evaporare
even, egal ; chiar
evening, seară
event, eveniment
eventration, eventraţie
eventually, în cele din urmă
eversion, eversiune
every, fiecare

- **every day**, în fiecare zi, cotidian
- **every other day**, la două zile

evidence, evidenţiere ; demonstraţie
evisceration, evisceraţie
evoked potential, potenţial evocat
evolution, evoluţie
evulsion, evulsiune
exacerbation, exacerbare
examination, examen
exanthema, exantem
exceed, a depăşi
exchange transfusion, exsangvinotransfuzie
excipient, excipient
excision, excizie
excisional biopsy, biopsie-exereză
excitability, excitabilitate
excitement, agitaţie ; excitare
excoriation, excoriaţie
excrement, excrement
excreta, excreta
exenteration, exenteraţie
exercise, exerciţiu

- **exercise test**, test de efort

exercise-induced dyspnea, dispnee de efort
exfoliation, exfoliere
exfoliative cytology, citologie exfoliativă
exhaust fumes, gaz de eşapament
exhausted, epuizat
exhausting, epuizant
exhibition, expoziţie
exhibitionism, exhibiţionism
exhumation, exhumare
exogenous, exogen
exomphalos, exomfal
exostosis, exostoză
exotoxin, exotoxină
expand, a dezvolta
expandable, extensibil
expansion, expansiune
expect, a aştepta ; a aştepta un copil
expectorant, expectorant
expectoration, expectoraţie
expenditure, cheltuială
expense bill, notă de plată
experiment, experiment ; încercare
experimental, experimental
expiration date, dată de expirare
expiratory, expirator

- **expiratory flow rate**, debit expirator
- **expiratory reserve volume**, volum expirator de rezervă

exploration, examen ; explorare
exposure, expunere
expression, expresie
expulsion, expulzie

- **expulsion of placenta**, expulzia placentei

extended, întins ; prelungit

extension, extensie ; prelungire
extensive, larg ; extins
extensor, extensor
external, extern
extirpate, a extirpa
extracapsular, extracapsular
extracellular, extracelular
extract, extract
extrapyramidal tract, cale extrapiramidală
extrasystole, extrasistolă
extrauterine pregnancy, sarcină extrauterină
extravasation, extravazare
extremity, extremitate
extrinsic, extrinsec
extrovert, extrovertit
exudate, exsudat
exudation, transpirație
eye, ochi
– **eye drops**, picături oculare ; colir
eyeball, glob ocular
eyebrow, sprânceană
eyeground, fund de ochi
eyelash, geană
eyelid, pleoapă
eyesight, vedere

F

fab, fragment
fabric, ţesătură ; stofă ; material
face, faţă ; figură
– **face ague**, nevralgie esenţială de trigemen
– **face presentation**, prezentaţie frontală
facet, faţetă
facial, facial
– **facial nerve**, nerv facial
– **facial paralysis**, paralizie facială
facies, facies
facilities, servicii ; toaletă
facility, uşurinţă ; aptitudine
factor, factor
factory, uzină ; fabrică
facultative, facultativ
faculty, facultate ; capacitate
fail, a pica (la un examen) ; a da greş
failing this, lipsă de
failure, eşec ; insuficienţă
faint, leşin ; sincopă
fair, drept
fair-haired, blond
falciform, falciform
fall, cădere ; prăbuşire
false, fals
– **false passage**, rută falsă
– **false teeth**, proteză
falx cerebri, falx cerebri ; coasa creierului
familial, familial
family, familie
– **family planning**, planning familial
– **family history**, antecedente familiale
fanaticism, fanatism
fantasy, halucinaţie ; imaginaţie
far, departe
faradism, faradizare
farmer's lung, plămân de fermier
farsightedness, hipermetropie
fart, gaze
fascia, fascie ; aponevroză
fascicle, fascicul ; fascie
fasciculation, fasciculaţie
fast, nemâncare ; rapid
– **fast muscle fibers**, fibre musculare rapide

fast-acting, (cu) acţiune rapidă
fasten, a lega ; a ataşa
fasting, pe nemâncate
fat, gras ; grăsime
– **fat cell**, adipocit
– **fat embolisme**, embolie grăsoasă
– **fat soluble**, liposolubil
fatal, fatal ; mortal
fatality, accident mortal
fate, destin ; soartă
father, tată
fatigue, oboseală ; surmenaj
fatness, adipozitate
fatty, grăsos ; gras
– **fatty acid**, acid gras
– **fatty degeneration**, degenerescenţă grăsoasă
fault, greşeală ; punct slab
faulty, defectuos
favism, favism
favus, favus
fear, frică ; teamă
feasible, posibil
feature, caracteristică
febrile, febril
fecal impactation, fecalom
feces, scaun
fecundation, fecundare
fecundity, fecunditate
feeble, slab ; plăpând
– **feeble minded**, retardat ; debil
feed, alimentaţie ; nutriţie
feedback, retroacţiune ; feedback
feeding, alimentaţie
– **feeding behavior**, obicei alimentar
feel, a simţi
feeling, senzaţie ; sentiment
fees, onorariu
female, femelă ; femeie
femoral, crural ; femural
– **femoral nerve**, nerv crural ; nerv femural
– **femoral triangle**, triunghiul lui Scarpa
femur, femur
fenestra, fereastră
fermentation, fermentaţie
fertility, fertilitate
fertilization, fertilizare
fester, a supura
festinating gait, mers propulsiv
fetal, fetal
– **fetal distress**, suferinţă fetală
fetichism, fetişism
fetor, fetor
fetus, fetus
fever, febră
feverish, febril
fiber, fibră ; fascicul
fibrillation, fibrilaţie
fibrin, fibrină
fibroadenoma, adenofibrom
fibroblast, fibroblast
fibrocartilage, fibrocartilaj
fibrochondritis, fibrocondrită
fibrocystic disease, mucoviscidoză
fibroelastosis, fibroelastoză

fibroid, fibros ; fibrom uterin
fibroma, fibrom
fibromyoma, fibromiom
fibrosarcoma, fibrosarcom
fibrosis, fibroză
fibrositis, fibrozită
fibrous, fibros
fibula, fibulă ; peroneu
fidget, a (se) agita încontinuu
field (in the-), teren (pe)
field of vision, câmp vizual
fierce, feroce
fight, luptă
figure, imagine
filament, filament
filaria, filaria
file, dosar ; fişier
filiform, filiform
filing, clasament ; arhivare
fill in, a insera ; a completa
filling, umplere ; obturare
filter, filtru
filtration, filtrare
filum, filament
– **filum terminale**, filum terminale
fimbria, fimbrie
finding, descoperire ; rezultat
fine, fin ; amendă
finger, deget
fingerprint, amprentă digitală
fingerstall, degetar
fingerstick device, aparat digital pentru monitorizarea glucozei
fingertip, vârful degetului
fireproof, ignifug
firing, demitere
firm, solid
first, primul
– **first aid**, prim ajutor
– **first line**, primă alegere ; de primă intenţie
– **first name**, prenume
fish, peşte
fissure, fantă ; fisură ; crevasă ; scizură
fist, pumn
fistula, fistulă
fit, acces ; atac ; a adapta ; a echipa
fitful, neregulat
fitness, aptitudine ; sănătate
fixation, contenţie ; fixare
flabby, flasc ; moale
flaccid, flasc
flagellation, flagelare
flagellum, flagel
flait chest, volet costal
flame photometer, fotometru cu flacără
flap, lambou
flare, eritem ; puseu
flash, sclipire
flask, fiolă
flat, plat
– **flat record**, traseu plat
flatfood, picior plat ; platfus
flatten, a aplatiza ; a teşi ; a netezi
flatulence, flatulenţă ; meteorism

flatus, flatuozitate
flatworm, platelmint
flavor, savoare ; gust
flaw, defect ; punct slab
flea, purice
flesh, carne
flexion, flexie
flexor, flexor
flexure, unghi ; curbură ; flexie
flight, trecere rapidă a timpului ; zbor
– **flight or fight reaction**, reacţie de fugă sau de luptă
floating, plutire ; plutitor
flood, inundaţie
flooding, hemoragie uterină
floor, planşeu ; podea
floppy, flasc ; moale
– **floppy disk**, dischetă
– **floppy mitral valve syndrome**, prolapsul valvei mitrale
flow, debit ; scurgere ; flux
flow-volume loop, curba debit--volum
flu, gripă
fluctuation, fluctuaţie
fluid, lichid
– **fluid intake**, aport hidric
fluke, trematod
fluoresceine, fluoresceină
fluorescent antibody test, testul de imunofluorescenţă a anticorpilor
fluorescent sceen, ecran fluorescent
fluoridation, fluorizare
fluorine, fluor
fluoroscopy, fluoroscopie
flush, bufeu de căldură ; roşeaţă
flutter, flutter ; palpitaţie
flux, flux
fluxion, scurgere
fly, muscă
foam, spumă
focus, focar ; a (se) concentra
focusing, punere la punct
fold, pliu
folder, dosar ; repertoar
folic acid, acid folic
follicle, folicul
– **follicle stimulating hormone (FSH)**, hormonul foliculostimulant (FSH)
follicular, folicular
follow-up, urmat ; urmărit
fontanelle, fontanelă
food, aliment
– **food intake**, aport alimentar
– **food poisoning**, intoxicaţie alimentară
– **food value**, valoare nutritivă
foodstuff, produs alimentar
foot (*pl.* feet), picior ; picior (unitate de măsură = 0,305 m)
– **foot and mouth disease**, febră aftoasă
foramen, foramen ; orificiu ; gaură

– **foramen magnum**, gaura occipitală
– **foramen ovale**, gaura ovală ; gaura lui Botal
force, forţă ; putere
forced expiratory volume/second (FEV1), volum expirator maxim/secundă (VEMS)
forceps, forceps ; pensă
forearm, antebraţ
– **forearm crutch**, cârjă pentru antebraţ
forebrain, creierul anterior
forecast, previziune
forefather, strămoş
forefinger, index ; arătător
foreground, prim-plan
forehead, frunte
foreign, străin
– **foreign body**, corp străin
forensic, juridic ; legal ; medico-legal
– **forensic medicine**, medicină legală
foreskin, prepuţ
foreword, cuvânt-înainte ; prefaţă
fork, furculiţă
form, formă, formular
– **form to fit out**, chestionar de completat
formal, formal ; oficial
former, anterior ; dinainte ; fost
formication, furnicătură
formula, formulă
formulary, formular
formulation, formă galenică
fornix, fornix ; trigon
forwards, înainte
fossa, fosă
foster home, casă de primire
foster parents, părinţi adoptivi
foul, greţos ; fetid
fourth, al patrulea
fovea, fovea
fowl, pasăre de curte
fraction, fracţiune
fracture, fractură
fragilitas ossium, fragilitate osoasă
fragility, fragilitate
framboesia, framboesia ; pian
frame, cadru ; ramă
framework, cadru ; şarpantă ; structură
freckle, efelidă ; pistrui
free, liber ; gratis
– **free fatty acid**, acid gras liber
– **free of**, liber de
freedom, libertate
freeware, freeware
freeze-drying, liofilizare
freezing, congelare
fremitus, fremitus
frenulum, fren
frenum, fren
frequency, frecvenţă
fresh, proaspăt
freudian, freudian

friction, fricţiune ; frecare
– **friction sound**, frecătură
frigidity, frigiditate
frog, broască
– **frog in one's throat (to have)**, a fi răguşit
from, de ; din ; provenind din
front, în faţă ; frunte
frontal, frontal
frost, îngheţ ; brumă
frostbite, degerătură
frothy, spumos
frozen, îngheţat
fructose, fructoză
fructosuria, fructozurie ; levulozurie
FTA-test, testul de identificare a Treponemei pallidum prin imunofluorescenţă
full, complet ; plin
full-blown disease, maladie constituită
full-fledged, matur
full-term, la termen
full-time, program complet ; full-time
fulmination, fulminant
fumes, emanaţii ; vapori
fumigation, dezinfecţie
function, funcţie
functional disorder, tulburare funcţională
fundamental, fundamental
fundus, fund
fungicide, fungicid
fungus, fung ; ciupercă
funiculi of the spinal cord, cordoanele măduvei spinării
funiculitis, funiculită
funis, cordon
funnel chest, torace în carenă
funnybone, punct sensibil al cotului
furrow, şanţ
further, ulterior ; suplimentar
furuncule, furuncul
furunculosis, furunculoză
fuse, a fuziona ; a topi
fusiform, fusiform

G

gag, căluş
– **gag reflex**, reflex de vomă
gain, câştig ; creştere
gait, mers
galactocele, galactocel
galactorrhea, galactoree
galactose, galactoză
galactosemia, galactozemie
gall, bilă
gallbladder, vezicula biliară
gallon, galon (3,78 l în Statele Unite ; 4,54 l în Marea Britanie)
gallop rhythm, zgomot sau ritm de galop
gallstone, calcul biliar
galvanism, galvanism
galvanometer, galvanometru
gamete, gamet
gamma ray, radiaţii gama
gammaglobulin, gamaglobulină
ganglion, ganglion
ganglionectomy, gangliectomie ; extirpare ganglionară
gangrene, gangrenă
gap, orificiu ; gaură
– **gap junction**, joncţiune comunicantă
gaping, beant
garbage, gunoi
gargle, gargarism
gargoylism, gargoilism
garment, îmbrăcăminte ; haină
garrot, garou
gas, gaz
– **propellent-gas**, gaz propulsor
– **gas gangrene**, gangrenă gazoasă
gaseous, gazos
gasket, garnitură de etanşare
gasoline, benzină
gastrectomy, gastrectomie
gastric, gastric
– **gastric juice**, suc gastric
– **gastric lavage**, lavaj ; spălătură gastrică
gastrin, gastrină
gastritis, gastrită
gastrocele, gastrocel
gastrocnemius, muşchiul gastrocnemian
gastrocolic reflex, reflexul gastrocolic

gastroenteritis, gastroenterită
gastroenterostomy, gastroenterostomie
gastrointestinal tract, tub digestiv ; tract gastrointestinal
gastrojejunostomy, gastrojejunostomie
gastrolysis, gastroliză
gastropexy, gastropexie
gastroptosis, gastroptoză
gastroscope, gastroscop
gastrostomy, gastrostomie
gastrulation, gastrulaţie
gate, poartă
– **gate control**, control de poartă
gather, a aduna
gauge, calibru ; gabarit ; joјă
gauze, gaz
gavage, gavaj
gaze, privire
Geiger counter, contor Geiger
gel, gel
gelatin, gelatină
gender analysis, date în funcţie de sex
gene, genă
general, general
– **general practitioner**, medic generalist
generation, generaţie
genetic, genetic
genetics, genetică
geniculate, geniculat
– **geniculate body**, corp geniculat
– **geniculate ganglion**, ganglion geniculat
genitalia, organe genitale
genome, genom
genotype, genotip
gentian violet , violet de genţiană
gentle, moale
genu, genunchi ; genu
genupectoral position, poziţie genupectorală
geriatrics, geriatrie
germ, germen ; microb ; virus
German measles, rubeolă
germ-free, germ-free ; fără microbi
germicide, germicid
gerontology, gerontologie
gestation, gestaţie ; sarcină
giant, gigant ; uriaş
giardiasis, giardiază
giddiness, ameţeală ; vertij
gift, cadou
gigantism, gigantism
gingival, gingival
gingivitis, gingivită
ginglymus, ginglim
girdle, centură
girth, circumferinţă (a pieptului sau taliei)
give, a da
– **give up**, a renunţa
giver, donor ; donator
glabella, glabelă
glairy, vâscos
glance, privire

gland, glandă
glanders, secreţii nazale
glandular fever, mononucleoză infecţioasă
glans, gland (al penisului)
glare, strălucire puternică
glass, pahar
glasses, ochelari
glaucoma, glaucom
glenoid, glenoid
glia, nevroglie
glioma, gliom
gliomyoma, gliomiom
glitter, strălucire
globulin, globulină
globus pallidus, palidum
glomerulonephritis, glomerulonefrită
glomerulus, glomerul
glomus tumor, tumoră glomică ; glomangiom
glossa, limbă
glossal, lingual
glossectomy, glosectomie
glossitis, glosită
glossodynia, glosodinie
glossopharyngeal, glosofaringian
glossoplegia, glosoplegie
glossy, lucios
glottis, glotă
glove, mănuşă
- **glove anesthesia**, diminuarea sau pierderea sensibilităţii în zonele acoperite de mănuşi

glucagon, glucagon
glucocorticoids, glucocorticoizi
glucose, glucoză
- **glucose lowering**, hipoglicemiant
- **glucose tolerance test**, testul de hiperglicemie provocată (testul de toleranţă la glucoză)

glue, lipici ; adeziv
- **glue ear**, otită medie adezivă
- **glue sniffing**, inhalarea unor cementuri plastice sau solvenţi

gluteal, fesier ; gluteal
gluten, gluten
gluteus muscle, muşchiul gluteu ; muşchiul fesier
glycemia, glicemie
glycerin, glicerină
glycine, glicină
glycogen, glicogen
glycogenesis, glicogeneză
glycogenolysis, glicogenoliză
glycolysis, glicoliză
glycoprotein, glicoproteină
glycosuria, glicozurie
gnat, specie de muscă
gnathic, gnatic ; mandibular
goal, scop ; obiectiv
- **goal setting**, stabilirea obiectivelor

goblet cells, celule calciforme
goggles, ochelari de protecţie

goiter, guşă
gold, aur
gonad, gonadă
gonadal dysgenesis, disgenezie gonadică
gonadotrophic, gonadotrop
gonadotrophin, gonadotropină
gonococcus, gonococ
gonorrhea, blenoragie ; gonoree
goods, bunuri ; produse
goose pimples, piele de găină
gouge, daltă
gout, gută
gown, fustă ; bluză
grade, grad ; rang
gradient, gradient
grading, clasament
gradual, progresiv ; gradual
graduate, absolvent
graft, grefă ; grefon ; transplant
grafting, transplantare
gram, gram
grant, grant ; subvenţie ; a acorda
– **grant a marketing license**, a acorda o licenţă în marketing
granular, granular
– **granular layer**, stratul granular
granulation tissue, ţesut de granulaţie
granule, granulă
granulocyte, granulocit
granuloma, granulom
granulomatosis, granulomatoză
graph, graf
grasp reflex, reflex de prehensiune
grasping, prindere ; prehensiune
gravel, pietriş ; prundiş
Graves' disease, boala Basedow-Graves
gravid, gravidă ; însărcinată
gravity, gravitate ; gravitaţie ; greutate
gray matter, substanţa cenuşie
greater, mai mare
greenhouse gas, gaz cu efect de seră
greenstick fracture, fractură în lemn verde
grid, grilă
grief, amărăciune ; tristeţe
grieving, doliu
grim, sever
grinders' disease, silicoză
grip, apucare ; strângere
– **grip strength**, forţă de prehensiune
gripes, colici
grippe, gripă
groan, a geme
groin, stinghie
grommet, yoyo
groove, gutieră ; şanţ
grooved director, sondă canelată
gross, macroscopic ; brut

– **gross domestic product**, produs intern brut
ground, sol ; măcinat ; zdrobit
– **ground floor**, parter
– **ground glass**, sticlă mată
group, grup
growing pain, dureri de creştere
grown up, adult
growth, creştere
– **growth factor**, factor de creştere
– **growth rate**, rată de creştere
grunting, mormăit
guardianship, tutelă
guarding, apărare musculară
guiac, guaiac
guidance, ghidare ; orientare
guideline, recomandare
guineapig, cobai
guineaworm, dracunculiază
gullet, esofag
gum, gingie
gumboil, abces gingival
gumma, gumă
gurgling, gâlgâială
gustatory, gustativ
gut, intestin
gynecology, ginecologie
gynecomastia, ginecomastie
gyrus, circumvoluţiune ; girus

H

habit, obişnuinţă ; obicei
hair, păr ; fir de păr
– **hair ball**, tricobezoar
– **hair cell**, celulă ciliară
– **hair follicle**, folicul pilos
– **hair loss**, alopecie
hairy, pilos ; păros
half, jumătate
– **half cast**, metis
– **half life**, jumătate de viaţă
halitosis, halitoză
hallucination, halucinaţie
hallucinogen, halucinogen
hallux, haluce
halogen, halogen
hamartoma, hamartom
hamate bone, osul hamat
hammer, ciocan
– **hammer toe**, deget în ciocan
hand, mână
handicapped, handicapat
handkerchief, batistă ; şerveţel igienic
handle, mâner ; a mânui
handling, manipulare
handrim wheelchair, scaun cu rotile acţionat manual
handy, comod
hanging, spânzurare
hangnail, pieliţă ruptă (la unghii)
haploid, haploid
hapten, haptenă
harassment, hărţuire
hard, dur
– **hard disk**, hard disk
– **hard of hearing**, hipoacuzic
hardening, întărire
hardware, hardware
harelip, buză de iepure
harmful, nociv
harmless, inofensiv
harmlessness, inocuitate
harmstrings, ischiojambieri
harsh, agresiv ; important ; grosolan ; sever
harvesting, prelevare
hay fever, febră de fân ; coriză spasmodică
hazard, risc ; hazard
hazardous, periculos
hazy, voalat
head, cap

- **head injury**, traumatism cranian
headache, cefalee ; durere de cap
headline, titru
healing, vindecare ; cicatrizare ; consolidare
health, sănătate
- **health file**, dosar medical
healthy, sănătos
hearing, auz
- **hearing aid**, proteză auditivă
heart, inimă
- **heart beat**, bătaie cardiacă
- **heart block**, bloc de ram
- **heart burn**, arsuri la stomac
- **heart disease**, cardiopatie
- **heart failure**, insuficienţă cardiacă
- **heart lung machine**, cord-plămân artificial
- **heart murmur**, suflu cardiac
- **heart rate**, frecvenţă cardiacă
heat, căldură
- **heat exhaustion**, epuizare din cauza căldurii
- **heat loss**, pierdere de căldură
- **heat stroke**, insolaţie
heating, încălzire
heavy, greu
hebephrenia, hebefrenie
Heberden's node, nodul lui Heberden
hectic, hectic
hedonism, hedonism
heel, călcâi
- **heel bone**, calcaneu
- **heel to knee test**, proba călcâi-genunchi
hefty, important
height, înălţime
heliotherapy, helioterapie
helium, heliu
helix, elice ; helix
helminth, helmint
helminthagogue, antihelmintic
helminthiasis, helmintiază
helminthology, helmintologie
help, ajutor
helpful, util
hemagglutinin, hemaglutinină
hemangioma, hemangiom
hemarthrosis, hemartroză
hematemesis, hematemeză
hematin, hematină
hematinic, hematinic
hematocel, hematocel
hematocolpos, hematocolpos
hematocrit, hematocrit
hematology, hematologie
hematoma, hematom
hematometra, hematometru ; hematometrie
hematomyelia, hematomielie
hematoporphyrin, hematoporfirină
hematosalpinx, hematosalpingită

hematoxylin, hematoxilină
hematozoa, hematozoar
hematuria, hematurie
heme, hem
hemeralopia, hemeralopie
hemianopsia, hemianopsie
hemiatrophy, hemiatrofie
hemiballismus, hemibalism
hemicolectomy, hemicolectomie
hemicrania, hemicranie
hemiparesia, hemipareză
hemiplegia, hemiplegie
hemisphere, hemisferă
hemizygous, hemizigot
hemochromatosis, hemocromatoză
hemoconcentration, hemoconcentraţie
hemocytometre, hemocitometru
hemodialysis, hemodializă
hemoglobin, hemoglobină
hemoglobinometer, hemoglobinometru
hemoglobinuria, hemoglobinurie
hemolysin, hemolizină
hemolysis, hemoliză
hemolytic, hemolitic
 – **hemolytic anemia**, anemie hemolitică
hemopericardium, hemopericard
hemoperitoneum, hemoperitoneu
hemophilia, hemofilie
hemophiliac, hemofilic
hemophilic arthropathy, artropatie hemofilică
hemophthalmia, hemoftalmie
hemopoiesis, hematopoieză
hemopoietin, hematopoietină
hemoptysis, hemoptizie
hemorrhage, hemoragie
hemorrhoidectomy, hemoroidectomie
hemorrhoids, hemoroizi
hemostasis, hemostază
hemostatic, hemostatic
hemothorax, hemotorax
hence, de aici ; de acum încolo
Henoch's purpura, purpură reumatoidă
hepar, ficat
heparin, heparină
hepatectomy, hepatectomie
hepatic, hepatic
 – **hepatic cell**, hepatocit
 – **hepatic ducts**, căi biliare
hepatitis, hepatită
hepatization, hepatizare
hepatocele, hepatocel
hepatolenticular, hepatolenticular
hepatoma, hepatom
hepatomegaly, hepatomegalie
hepatosplenomegaly, hepatosplenomegalie
hereditary, ereditar
 – **hereditary spherocytosis**, microsferocitoză ereditară ; maladia Minkkowski-Chauffard

heredity, ereditate
hermaphrodite, hermafrodit
hermetic, ermetic
hernia, hernie
herniated disk, hernie de disc
hernioplasty, hernioplastie
herniorrhaphy, herniorafie
herniotomy, herniotomie
heroin, heroină
herpangina, herpangină ; angină herpetică
herpes, herpes
- **herpes zoster**, herper zoster ; zona zoster

herpetic, herpetic
herpetiform, herpetiform
heterogenous, eterogen
heterograft, heterogrefă
heterologous, heterolog
heterophoria, heteroforie
heterotropia, heterotropie
heterozygous, heterozigot
hiatus, hiatus ; orificiu ; deschidere
- **hiatus hernia**, hernie hiatală

hiccoucgh, sughiţ
hiccup, sughiţ
hidradenitis, hidradenită ; hidrosadenită
hidrosis, hidroză
high, înalt ; ridicat
highlight, a sublinia ; a scoate în evidenţă
hilar, hilar
hilum, hil
hind, posterior
hindbrain, creier posterior
hindquarters, tren posterior
hinge, balama ; şarnieră
hip, şold
- **hip bone**, os iliac
- **hip girdle**, centura pelviană
- **hip girth**, circumferinţa şoldurilor
- **hip joint**, articulaţia coxofemurală

hippocampus, hipocamp
hippocratic, hipocratic
- **hippocratic oath**, jurământul lui Hipocrat

hirsutism, hirsutism
His bundle, fasciculul His
hissing, fluierat ; şuierat
histamine, histamină
histidine, histidină
histiocyte, histiocit
histochemistry, histochimie
histogenesis, histogeneză
histology, histologie
histoplasmosis, histoplasmoză
history, antecedente
- **history taking**, interogatoriu ; anamneză

hit, a lovi ; lovitură
HIV, HIV
hives, urticarie
hoarse, răguşit
hobby, hobby
hobnail liver, ficat nodular
hoist, elevator

hold, a ţine
– **hold one's breath**, a-şi ţine respiraţia
hole, orificiu ; gaură
hollow, gol ; găunos
home, domiciliu
– **home care**, îngrijire la domiciliu
homeless, persoană fără adăpost
homeopathy, homeopatie
homeostasis, homeostazie
homeothermal, homeotermal
homicide, omucidere
homing, călătorie de întoarcere
homogeneous, omogen
homograft, alogrefă
homolateral, homolateral
homologous, omolog
homosexuality, homosexualitate
homozygous, homozigot
honey, miere
hook, cârlig
hooklike, în formă de cârlig ; unciform
hookworm, anchilostomă
hop, a sări într-un picior
hordeolum, orjelet ; urcior
hormone, hormon
horn, corn ; cornet
horseshoe kidney, rinichi în potcoavă
hose, ciorap ; colant
hospital, spital
host, gazdă
hot, cald
– **hot flush**, bufeu
hotline, linie telefonică directă
hotwater bottle, buiotă
hourglass contraction, contracţie în clepsidră
housing, găzduire ; cazare
huge, enorm
human, uman
– **human immunodeficiency virus (HIV)**, virusul imunodeficienţei umane (HIV)
humerus, humerus
humidity, umiditate
humor, dispoziţie
hump, bosă ; cocoaşă
hunchback, gibozitate
hunger, foame
– **hunger pain**, foame dureroasă
hurdle, a trece peste
husky, răguşit
hyaline, hialin
hyaloid, hialoid
hybrid, hibrid
hydrarthrosis, hidartroză
hydatic cyst, chist hidatic
hydatiform, hidatiform
hydration, hidratare
hydrocarbon, hidrocarbură
hydrocele, hidrocel
hydrocephalus, hidrocefalie
hydrochloric acid, acid clorhidric
hydrochloride, clorhidrat

hydrocortisone, hidrocortizon
hydrogen, hidrogen
hydrolysis, hidroliză
hydrometer, hidrometru
hydrometra, hidrometrie
hydronephrosis, hidronefroză
hydropathic, hidropatic
hydropericardium, hidropericard
hydroperitoneum, hidroperitoneu
hydrophobia, hidrofobie
hydropneumothorax, hidropneumotorax
hydrops, hidropsie
 – **hydrops fetalis**, anasarcă fetoplacentară
hydrosalpinx, hidrosalpinx
hydrotherapy, hidroterapie
hydrotorax, hidrotorax
hygiene, igienă
hygroma, hygroma
hygrometer, higrometru
hygroscopic, higroscopic
hymen, himen
hymenotomy, himenotomie
hyper-, hiper-
hyperacidity, hiperaciditate
hyperactivity, hiperactivitate
hyperalgesia, hiperalgezie
hyperbaric, hiperbar
 – **hyperbaric chamber**, cameră hiperbară
hyperbilirubinemia, hiperbilirubinemie
hypercalcemia, hipercalcemie
hypercapnia, hipercapnie
hyperchlorhydria, hiperclorhidrie
hypercholesterolemia, hipercolesterolemie
hyperchromia, hipercromie
hyperemia, hiperemie
hyperesthesia, hiperestezie
hyperexcitability, hiperexcitabilitate
hyperextension, hiperextensie
hyperflexion, hiperflexie
hyperglycemia, hiperglicemie
hypergonadism, hipergonadism
hyperhidrosis, hiperhidroză
hyperkalemia, hiperkaliemie ; hiperpotasemie
hyperkeratosis, hipercheratoză
hyperkinesis, hiperchinezie
hyperlink, hiperlegătură
hyperlipemia, hiperlipemie
hyperlipoproteinemia, hiperlipoproteinemie
hypermetropia, hipermetropie
hypermnesia, hipermnezie
hypermobility, hipermobilitate
hypermyotonia, hipermiotonie
hypernatremia, hipernatremie
hypernephroma, hipernefrom
hyperonychia, hiperonicoză
hyperparathyroidism, hiperparatiroidie
hyperphagia, hiperfagie
hyperphoria, hiperforie

hyperpiesis, hipertensiune
hyperpituitarism, hipertiroidie
hyperplasia, hiperplazie
hyperpnea, hiperpnee
hyperpyrexia, hiperpirexie
hypersecretion, hipersecreţie
hypersensitive, hipersensibil
hypersensitivity, hipersensibilitate
hypersplenism, hipersplenism
hyperstimulation, hiperstimulare
hypertension, hipertensiune
hyperthermia, hipertermie
hyperthymia, hipertimie
hyperthyroidism, hipertiroidie
hypertonia, hipertonie
hypertonic, hipertonic
hypertrichosis, hipertricoză
hypertrophy, hipertrofie
hyperventilation, hiperventilaţie
hypervolemia, hipervolemie
hypnosis, hipnoză
hypnotic, hipnotic ; somnifer
hypo-, hipo-
hypocalcemia, hipocalcemie
hypochlorhydria, hipoclorhidrie
hypochondriac, ipohondru
hypochondriasis, hipocondrie
hypochondrium, hipocondru
hypochromic, hipocrom
hypodermic, hipodermic
hypoesthesia, hipoestezie
hypofibrinogenemia, hipofibrinogenemie
hypogastric, hipogastric
hypogastrium, hipogastru
hypoglossal triangle, aripa albă internă
hypoglycemia, hipoglicemie
hypogonadism, hipogonadism
hypokalemia, hipopotasemie
hypomania, hipomanie
hypomobility, hipomobilitate
hyponatremia, hiponatremie
hypoparathyroidism, hipoparatiroidie
hypophoria, hipoforie
hypophosphatasia, hipofosfatazie
hypophosphatemia, hipofosfatemie
hypophysectomy, hipofizectomie
hypophysis, hipofiză
hypopiesis, hipotensiune
hypopituitarism, hipopituitarism
hypoplasia, hipoplazie
hypoproteinemia, hipoproteinemie
hypoprothrombinemia, hipoprotrombinemie
hypopyon, hipopion
hyposecretion, hiposecreţie
hypospadias, hipospadias
hypostasis, ipostază
hypotension, hipotensiune
hypothalamus, hipotalamus

hypothenar eminence, eminenţa hipotenară
hypothermia, hipotermie
hypothesis, ipoteză
hypothrombinemia, hipotrombinemie
hypothyroidism, hipotiroidie
hypotonia, hipotonie
hypotonic, hipotonic
hypovitaminosis, hipovitaminoză
hypoxia, hipoxie
hystera, uter
hysterectomy, histerectomie
hysteria, isterie
hysterography, histerografie
hysteromyomectomy, histeromiomectomie
hysteropexy, histeropexie
hysterosalpingography, histerosalpingografie
hysterotomy, histerotomie

I

i.e. (id est), adică
iatrogenic, iatrogen
ice, gheaţă
ichtiosis, ihtioză
icon, simbol
icterus, icter
idea, idee
identical twins, gemeni monozigoţi
identification, identificare
idiocy, idioţie
idiopathic, idiopatic
idiosyncrasy, idiosincrazie
ignore, a ignora ; a neglija
ileitis, ileită
ileocecal valve, valvula ileocecală
ileocolitis, ileocolită
ileocolostomy, ileocolostomie
ileorectal, ileorectal
ileostomy, ileostomie
ileum, ileon
ileus, ileus ; ocluzie intestinală
iliac crest, creastă iliacă
iliococcygeal, iliococcigian
ilium, ilion
ill, bolnav
illegitimate, ilegitim
illiteracy, analfabetism
illness, boală
illuminance, iluminare
illusion, iluzie
image, imagine
imaging, vizualizarea organelor interne
imbalance, dezechilibru
immature, imatur
immediate-acting, acţiune imediată
immediately, imediat
immobility, imobilitate
immune, imun ; imunitar
– **immune response**, răspuns imun
immunity, imunitate
immunization, imunizare
immunoassay, dozaj imunologic
immunochemistry, imunochimie
immunodeficiency, deficit imunitar ; imunodeficienţă
immunoelectrophoresis, imunoelectroforeză
immunofluorescence, imunofluorescenţă

immunogenetics, imunogenetică
immunoglobulin, imunoglobulină
immunology, imunologie
immunosuppresion, imunosupresie
impacted tooth, dinte inclus
impair, a perturba
impaired, alterat ; deteriorat
impairment, deteriorare ; prejudiciu
impalpable, nepalpabil
impatency, obstrucţie
impediment, impediment
impending, iminent
imperforate, imperforat
impervious, etanş
impingement syndrome, tendinita umărului
implant, implant
implantation, implantare
implementation, aplicare ; punere în aplicare
impotence, impotenţă
impression, impresie
improper, impropriu ; nepotrivit
improvement, ameliorare
impulse, impuls ; influx nervos
in brackets, între paranteze
in front of, în faţa
in line with, în conformitate cu
in the community, în afara spitalului
inability, imposibilitate ; incapacitate
inactivate, a inactiva
inanition, inaniţie
inarticulate, nearticulat
inborn, nenăscut
incarcerated, încarcerat ; deţinut
incest, incest
inch, inch (2,54 cm)
incidence, frecvenţă ; incidenţă
incipient, incipient
incision, incizie
incisor, incisiv
incisura, incizură
include, a include ; a cuprinde
inclusion body, incluzie celulară
incoherent, incoerent
incompatibility, incompatibilitate
incompatible, incompatibil
incompetence, incompetenţă ; insuficienţă
– **aortic-incompetence**, insuficienţă aortică
incompetent cervix, beanţa colului uterin
incomplete, incomplet
incontinence, incontinenţă
inconvenient, incomod ; neconvenabil
incoordination, necoordonare
increase, creştere ; a creşte
increment, creştere ; dezvoltare

incrustation, incrustaţie
incubation, incubaţie
incubator, etuvă ; incubator
incus, incus ; nicovală
indeed, într-adevăr ; sigur
index, index ; indice
indication, indicaţie ; indiciu
indicator, indicator
indigenous, autohton
indigestion, indigestie
individual, individual
indolent, indolent ; indolor ; torpid
induced, indus
induction, inducţie
induration, induraţie
industrial disease, boală profesională
indwelling venous infusion, perfuzie venoasă
– **indwelling catheter**, cateter
inebriate, alcoolic
inebriation, beţie
inedible, necomestibil
ineffective, ineficient
inefficacious, ineficace
inertia, inerţie
infancy, pruncie
infant, sugar (până la 12 luni)
infantile, infantil
infantilism, infantilism
infarct, infarct
infarcted, infarctat
infarction, infarct
infection, infecţie
infectious, infecţios
inferior, inferior
inferiority complex, complex de inferioritate
infertility, sterilitate
infestation, infestare
infiltration, infiltraţie
infirmity, debilitate ; infirmitate
inflammation, inflamaţie
inflation, inflaţie ; inflamare
inflow, intrare
influence, influenţă
influenza, gripă
infra-, infra- ; sub-
infrared, infraroşu
infraspinous, infraspinos ; subspinos
infundibulum, infundibulum
infusion, perfuzie ; infuzie
ingestion, ingestie
ingrown nail, unghie încarnată
inguinal, inghinal
inhalation, inhalaţie
inherent, intrinsec
inheritance, ereditate
inhibition, inhibiţie
initial, iniţial
injected, injectat
injection, injecţie
injure, a leza ; a răni
injurious, vătămător
injury, vătămare ; leziune
ink, cerneală

inmate, locatar ; bolnav internat ; pensionar instituţionalizat
innate, congenital ; înnăscut
inner, intern
– **inner ear**, ureche internă
innervation, inervaţie
innocent, inocent ; benign ; inofensiv
innocuous, inofensiv
innominate, nenumit
– **innominate artery**, artera innominata ; trunchiul arterial brahiocefalic
innoxious, inofensiv
inoculation, inoculare
inorganic, anorganic
inpatient, pacient spitalizat
input, intrare ; informaţie
– **input fibers**, fibre aferente
inquest, anchetă
inquiry, anchetă ; cercetare
insane, alienat ; nebun
insanity, alienare mintală ; nebunie
insect sting, înţepătură de insectă
insensible, insensibil
insertion, inserţie
inside, în interior ; înăuntru
insidious, insidios
insight, perspicacitate
insomnia, insomnie
inspiration, inspiraţie
inspiratory reserve volume, volum inspirator de rezervă
inspissated, îngroşat ; dens
instance, exemplu
instep, scobitura gleznei ; curbura piciorului
instillation, instilaţie
instinct, instinct ; pulsiune
instruction leaflet, prospect
instrument, instrument
insufficiency, insuficienţă
insulation, izolare ; separare
insulin, insulină
insulinoma, insulinom
intake, aport ; priză ; raţie
integument, tegument
intellect, intelect ; inteligenţă
intelligence, inteligenţă
– **intelligence quotient (IQ)**, coeficient de inteligenţă (QI)
intended for, destinat pentru
intensive, intensiv
– **intensive care**, reanimare
– **intensive care unit**, unitate de terapie intensivă
intention tremor, tremur intenţional
inter-, inter- ; între-
interarticular, interarticular
intercellular, intercelular
intercourse, raport sexual
intercurrent, intercurent
intermediate, intermediar ; mediu
intermittent, intermitent
internal, intern
interosseous, interosos
interphase, interfază

interspersed, întretăiat
interstitial, interstiţial
intertrigo, intertrigo
intertrochanteric, intertrohanterian
interval, interval ; spaţiu ; interstiţiu
interventricular, interventricular
intervertebral, intervertebral
intestinal, intestinal
– **intestinal obstruction**, ocluzie intestinală ; ileus
intestine, intestin
intolerance, intoleranţă
intoxication, intoxicaţie
intra-, intra-
intraabdominal, intraabdominal
intraarticular, intraarticular
intracellular, intracelular
intracranial, intracranian ; intracerebral
intractable, rebel
intradermal, intradermic
intradural, intradural
intragastric, intragastric
intrahepatic, intrahepatic
intralobular, intralobular
intramedullary, intramedular
intramuscular, intramuscular
intraocular fluid, lichid intraocular
intraosseous, intraosos
intraperitoneal, intraperitoneal
intrathecal, intratecal
intratracheal, intratracheal
intrauterine, intrauterin
– **intrauterine contraceptive device**, sterilet
intravenous, intravenos
– **intravenous infusion**, perfuzie intravenoasă
intrinsec, intrinsec
introspection, introspecţie
introvert, introvertit
intubation, intubare ; tubaj
intumescence, intumescenţă
intussusception, invaginare
inulin, inulină
inunction, ungere
invagination, invaginare
invalid, invalid, infirm, bolnav ; nevalabil
invasion, invazie
invasive, invaziv
inverse, invers ; opus
inversion, inversie
investigate, a investiga ; a cerceta ; a studia
investigator, cercetător ; anchetator
investment, învelire ; căptuşire
invoice, fractură
involucrum, involucru
involution, involuţie
involutional, de involuţie
– **involutional depression**, depresie de involuţie
– **involutional melancholia**, melancolie de involuţie
involved, implicat

involvement, implicare ; contaminare
inward current, curent de intrare
iodide, iodură
iodine, iod
iodism, iodism
ion, ion
- **ion channel**, canal ionic
- **ion exchange resin**, răşină implicată în schimburile ionice

ionization, ionizare
ionizing radiation, radiaţie ionizantă
ipsilateral, ipsilateral ; homolateral
iridectomy, iridectomie
iridocyclitis, iridociclită
iridoplegia, iridoplegie
iridotomy, iridotomie
iris, iris
iron, fier
- **iron binding protein**, siderofilină

iron-deficiency anemia, anemie feriprivă
irradiation, iradiere
irreducible, ireductibil
irrelevant, irelevant
irrespective of, independent de
irrigation, irigaţie
irritability, iritabilitate
irritable bowel syndrome, sindromul de colon iritabil
irritant, iritant
ischemia, ischemie
- **ischemia contracture**, contractură ischemică

ischemic heart disease, cardiopatie ischemică
ischium, ischion
island, insulă
- **island disease**, febră japoneză

islet, insulă
isoantibody, izoanticorp
isolation, izolare ; separare
isomer, izomer
isometric, izometric
isotope, izotop
issue, ediţie ; problemă ; rezultat ; hemoragie ; scurgere
isthmus, istm
itch, mâncărime ; prurit
itching, mâncărime ; prurit
item, articol ; paragraf ; punct

J

jab, şoc ; izbitură ; lovitură ; înţepătură
jacket, jachetă ; vestă
jar, recipient
jaundice, icter ; hepatită
jaw, obraz ; maxilar
– **jaw bone**, os maxilar
jejunectomy, jejunectomie
jejunostomy, jejunostomie
jello, gelatină
jelly, jeleu
jellyfish, meduză
jerk, reflex tendinos ; secusă
jet-lag, decalaj orar
job-seeker, persoană care caută un loc de muncă
joint, articulaţie
– **joint mouse**, surâs articular
– **joint space narrowing**, îngustare articulară
– **joint stop**, stop articular
journal, revistă de specialitate ; jurnal
journey, călătorie
jugal bone, os malar
jugular, jugular
juice, suc ; zeamă
jump, salt
junction, joncţiune
junk, gunoi ; toxicoman
– **junk food**, junk-food, mâncare nesănătoasă
jurisprudence, jurisprudenţă
justo-major, mai mult decât normal
justo-minor, mai puţin decât normal
juvenil, juvenil
juxta-articular, juxtaarticular
juxtaglomerular apparatus, aparat juxtaglomerular

K

kala-azar, kala-azar
kalium, potasiu
karyokinesis, cariochineză ; mitoză
karyotype, cariotip
kation, cation
keep, a ţine
keloid, cheloid
keratectasia, cheratectazie
keratectomy, cheratectomie
keratic, cornos
keratin, cheratină
keratitis, cheratită
keratolytic, cheratolitic
keratoma, cheratom
keratomalacia, cheratomalacie
keratome, cheratom
keratometer, cheratometru
keratoplasty, cheratoplastie
keratosis, cheratoză
kernicterus, icter nuclear
ketogenic diet, regim cetogen
ketone, cetonă
ketonemia, cetonemie
ketonuria, cetonurie
ketosis, cetoză
ketosteroid, cetosteroid
key, cheie ; tastă
– **key word**, cuvânt-cheie
keyboard, tastatură
kick, lovitură de picior
kickback of the patella, extensia bruscă a gambei
kidney, rinichi
– **kidney failure**, insuficienţă renală
killing, mortal
kin, familie ; părinţi
kinase, kinază
kindred, analog ; înrudit
kineplasty, amputaţie ortopedică ; chineplastie
kinesis, chinezie
kinesthesis, chinestezie
kinetics, cinetică
kingdom, regat
kinking, plicatură
kinky, buclat ; ondulat ; pervers
kiss, a săruta ; sărut
– **kiss of life**, respiraţie gură la gură ; respiraţie artificială
kit, trusă
Klebs-Loeffler bacillus, bacilul difteric

knee, genunchi
- **in-knee**, genu valgum
- **out-knee**, genu varum
- **knee cap**, rotulă
- **knee elbow position**, poziţie genupectorală
- **knee jerk reflex**, reflex rotulian

kneeling, îngenunchere
knife, cuţit ; bisturiu
knob, protuberanţă rotundă
knock knees, genunchi care se ating
knot, nod
knowledge, cunoaştere
known, cunoscut
knuckle, articulaţie falangiană
Köhler's disease, scafoidită tarsiană ; maladia Köhler
koilonychia, koilonichie
Koplik's spot, semnul Koplik
kraurosis vulvae, atrofie sclerozantă vulvară
Krebs cycle, ciclul Krebs
kwashiorkor, kwashiorkor
kyphoscoliosis, cifoscolioză
kyphosis, cifoză

L

lab finding, rezultat de laborator
label, etichetă
labelling, marcare ; etichetare
labial, labial
labile, labil
labium, buză
labor, naştere ; travaliu ; muncă
laboratory, laborator
– **laboratory findings**, rezultate biologice
labrum, burelet
labyrinth, labirint
labyrintitis, labirintită
lace, dantelă
laceration, lacerare ; dilaceraţie
lack, absenţă ; lipsă
lacrimal, lacrimal
lacrimation, lăcrimare
lactalbumin, lactalbumină
lactase, lactază
lactate, lactat
lactation, alăptare ; lactaţie
lacteal, lacteal ; chilifer
lactic, lactic
lactiferous duct, canale galactofore
lactifuge, lactifug ; antigalactic
lactogenic, lactogen
– **lactogenic hormone**, prolactină
lactose, lactoză
lacuna, lacună
ladder, scară
lag, latenţă ; retard
lambdoid, lambdoid
lamella, lamelă
lameness, şchiopătat ; imperfecţiune
lamina, lamina
laminectomy, laminectomie
lancet, bisturiu
landmark, reper
language, limbaj
lanolin, lanolină
laparascope, laparoscop
laparotomy, laparotomie
lapse, eroare ; lapsus
laptop, laptop
large, mare ; lat
laringeal, laringian

laryngectomy, laringectomie
laryngismus stridulus, laringită striduloasă
laryngitis, laringită
laryngology, laringologie
laryngopharynx, laringofaringe
laryngospasm, laringospasm
laryngostenosis, laringostenoză
laryngotomy, laringotomie
laryngotracheobronchitis, laringotraheobronşită
larynx, laringe
laser, laser
last, ultimul
– **last resort**, ultimele resurse
lasting effect, acţiune prelungită ; acţiune retard
late, tardiv
latency, latenţă
lateral, lateral ; extern
latter, ultimul
lattice, latice
laugh, râs
laughing gas, protoxid de azot
lavage, lavaj
law, lege ; principiu
lax, lax
laxative, laxativ
laxity, laxitate
layer, strat ; membrană
LD 50, DL 50
lead, derivaţie ; plumb
– **lead poisoning**, intoxicaţie cu plumb ; saturnism
leaden, din plumb
leaflet, pliant ; prospect
leaflets of heart valves, valvele valvulelor cardiace
leakage, scurgere
lean, slab
leap, salt
learning, învăţare
least, cel mai mic ; cel mai puţin important
leave, autorizaţie de plecare ; permisie
lecithin, lecitină
lecture, conferinţă
leech, lipitoare
left, stânga
– **left handed**, stângaci
leg, picior
legionnaires' disease, pneumonie provocată de Legionella pneumophila
leishmaniasis, leishmanioză
length, lungime
lengthtening, alungire
lengthy, alungit ; prelungit
lens, cristalin ; lentilă
lenticular, cristalinian ; lenticular
lentigo, lentigo
leontiasis osea, leontiasis osea ; leontiazis osos
leproma, leprom
leprosy, lepră
leptomeningitis, leptomeningită
leptospirosis, leptospiroză

lesbian, lesbiană
lesion, leziune
less, mai puţin
lessen, a diminua
lesser, mai puţin ; mai mic
lethal, letal
– **lethal dose**, doză letală
lethargy, letargie
leucinosis, leucinoză
leukemia, leucemie
leukine, leukină
leukocyte, leucocit
leucocythemia, leucocitemie
leukodermia, leucodermie
leukonychia, leuconichie
leukopenia, leucopenie
leukoplastia, leucoplastie
leukopoiesis, leucopoieză
leukorrhea, leucoree
leukotomy, leucotomie ; lobotomie
levator, elevator
level, nivel
lever, ficat
levulose, fructoză ; levuloză
liability, responsabilitate ; predispoziţie
libido, libido
library, bibliotecă
lice, păduche
license, brevet ; licenţă ; autorizaţie
licensing commission, comisie de acordare a licenţei/autorizare a introducerii unui medicament pe piaţă
lichen, lichen
lick, a linge
lid, pleoapă
lie, minciună
lien, rată
lienal, splenic
life, viaţă
– **life expectancy**, speranţă de viaţă
– **life span**, durată de viaţă
– **life style**, mod de viaţă
– **life support machine**, aparat de reanimare
life-threatening, care ameninţă viaţa pacientului
lifetime, durata vieţii
lift, ascensor ; a ridica
ligament, ligament
ligation, ligatură
ligature, ligatură
light, uşor ; lumină
– **light adaptation**, adaptare la lumină
– **light bulb**, bec electric
lightning pain, durere fulgurantă
like, precum ; ca şi
likelihood, probabilitate
likely, probabil
limb, membru
limb-girdle, centură
limbus, bord ; bordură ; limb
lime, oxid de calciu
liminal, liminal
limp, claudicaţie
line, linie ; şir ; rând

linea, linea ; linie
lineage, linie ; descendenţă
linen, lenjerie
lingua, limbă
– **lingua nigra**, limbă neagră
lingual, lingual
liniment, alifie
lining, cătuşeală ; dublură
linitis plastica, boala Brinton ; cancer gastric difuz
link, verigă ; legătură
linkage, legare ; conectare
linking, conexiune ; legătură
linoleic acid, acid linoleic
lint, scamă ; puf
lip, buză
lipase, lipază
lipemia, lipemie
lipid, lipid
lipid-lowering agents, hipolipemiant
lipoatrophy, lipoatrofie
lipochondrodystrophy, lipocondrodistrofie
lipocyte, adipocit
lipodystrophy, lipodistrofie
lipoid, lipoid
lipoidosis, lipoidoză
lipolysis, lipoliză
lipoma, lipom
lipoprotein, lipoproteină
lipotrophic substance, substanţă lipotropă
liquor, lichid
lisping, sâsâială
list, enumerare ; listă
liter, litru
literature search, căutare bibliografică
lithagogue, litagog
lithiasis, litiază
litholapaxy, litotriţie
lithotomy, litotomie
lithotritor, litotritor
litothrity, litotriţie
litmus, turnesol
letter, detritus
live, viu
livelihood, mijloace de trai
lively, viu ; vioi
liver, ficat
livid, livid
living, viu
load, încărcătură ; sarcină
lobar, lobar
lobe, lob
lobectomy, lobectomie
Lobo's disease, blastomicoză cheloidă ; maladia Lobo
lobotomy, lobotomie
lobule, lobul
local, local
localized, localizat
location, localizare
lochia, secreţie vaginală post-partum
lock, blocaj
locked, blocat
locked-in syndrome, tulburare neurologică manifestată prin paralizia tuturor muşchilor voluntari, cu excepţia celor oculari

locker, dulăpior
locking, blocaj
lockjaw, trismus
locomotor ataxia, ataxie locomotorie
loculated, locular
locus, loc ; poziţie
loin, şale
long, lung
long-action, (cu) acţiune prelungită ; acţiune retard
longevity, longevitate
longitudinal band of colon, bandeleta longitudinală a colonului
long-range, cu perspectivă largă
longsighted, hipermetrop ; prezbit
long-standing, de lungă durată
long-term, (pe) termen lung
look, a privi
loop, buclă ; ochi
loose, dezlegat ; liber ; slăbit
looseness, laxitate ; relaxare
lordosis, lordoză
loss, pierdere
– **loss of consciousness**, pierderea cunoştinţei
lost to follow up, pierdere din vedere
lot (a), mult
lotion, loţiune ; lapte
lots of, o mulţime de ; multe
loud speaker, difuzor ; megafon
louse, păduche
low, jos
– **low back pain**, durere lombară
lower, inferior
lowering, scădere
low-fat diet, regim sărac în grăsimi
– **low-fat milk**, lapte degresat
low-molecular weight, greutate moleculară scăzută
lubricant, lubrifiant
lucid, lucid
lues, sifilis ; lues
lull, acalmie
lumbago, lumbago
lumbar, lombar
– **lumbar puncture**, puncţie lombară
lumen, lumen
lump, masă ; cucui ; umflătură
lunacy, demenţă
lunate bone, osul lunatum ; osul semilunar
lunatic, alienat ; dement
lung, plămân
– **lung capacity**, capacitate respiratorie
lunula, lunulă
lupus erytematosous, lupus eritematos
luteinizing hormone (LH), hormonul luteinizant (LH)
luteotropic, luteotrop
luteus, corpul galben
luxation, luxaţie

luteotropic, luteotrop
luteus, corpul galben
luxation, luxaţie
luxury, lux
lymph, limfă
– **lymph node**, ganglion limfatic
– **lymph node differential cell count**, adenogramă
lymphadenitis, limfadenită
lymphangiectasis, limfangiectazie
lymphangioma, limfangiom
lymphangioplasty, limfangioplastie
lymphangitis, limfangită
lymphatic, limfatic
lymphocyte, limfocit
lymphocytemia, limfocitemie
lymphocytic leukemia, leucemie limfoidă
lymphocytopenia, limfocitopenie
lymphocytosis, limfocitoză
lymphogram, limfografie
lymphogranuloma, limfogranulom
lymphoid, limfoid
lymphoma, limfom
lymphosarcoma, limfosarcom
lysine, lizină
lysis, liză
lysosomal, lizozomal
lysozyme, lizozim
lytic, litic

M

macies, atrofie ; emaciere
macrocephalus, macrocefal
macrocheilia, macrocheilie
macrocyte, macrocit
macrocytic, macrocitar
macrodactily, macrodactilie
macroglobulinemia, macroglobuliemie
macroglossia, macroglosie
macromastia, macromastie
macromelia, macromelie
macromolecule, macromoleculă
macrophage, macrofag
macroscopic, macroscopic
macrostomia, macrostomie
macula, macula ; maculă ; pată
– **macula solaris**, efelidă
maculopapular, maculopapular
mad, alienat ; nebun
– **mad cow disease**, boala vacii nebune
madness, nebunie
magnet, magnet
magnetic, magnetic
– **magnetic resonance imaging (MRI)**, vizualizare prin rezonanţă nucleară
– **magnetic tape**, bandă magnetică
magnification, creştere ; mărire
maiden name, nume de domnişoară
mail, poştă
main, principal
– **main end point**, criteriu principal de evaluare
maintain, a menţine
maintenance, menţinere ; susţinere
major, major
malabsorbtion, malabsorbţie
malacia, malacie ; ramolisment
maladjustment, inadaptare
malaise, indispoziţie ; stare proastă
malalignment, incongruenţe dentare
malar, malar
malaria, malarie ; paludism

male, bărbat ; mascul ; masculin
malformation, malformaţie
malicious, răutăcios ; invidios ; maliţios
malignant, malign
– **malignant hypertension**, hipertensiune malignă
malingering, simularea unei boli ; prefăcut
malleolus, maleolă
mallet finger, deget în ciocan
malleus, ciocan
malnutrition, malnutriţie ; subalimentare
malocclusion, malocluzie
malposition, malpoziţie
malpractice, malpraxis ; neglijenţă
malpresentation, prezentaţie vicioasă
maltase, maltază
maltose, maltoză
maltreating, maltratare ; brutalizare
maltreatment, maltratare ; brutalizare
malunion, calus vicios
mamilla, mamelon
mammaplasty, mamoplastie
mammary, mamar
– **mammary gland**, glandă mamară
mammilary, mamilar
mammography, mamografie
man, bărbat
management, gestionare ; administrare ; management
manager, director ; manager
mandatory, obligatoriu
mandible, mandibulă ; maxilar inferior
mania, manie
maniac-depressive psychosis, psihoză maniacodepresivă
manifestation, semne fizice ; manifestări
manipulation, manipulare
mankind, umanitate
mannerism, manierism
manometer, manometru
mantle, manta
manual, manual
manubrium sternal, manubriu(m) sternal
manufacturer, fabricant
manus, mână
map, hartă
maple syrup urine disease, leucinoză
mapping, cartogarfie
marasmus, marasm
marble bone disease, osteopetroză familială
margin, margine ; marjă
marijuana, marijuana
marital counseling, consiliere familială
marital status, stare civilă
mark, marcă ; semn
marked, marcant ; important
marker, marker
marketing, marketing

– **marketing autorisation file**, dosar pentru eliberarea autorizaţiei
marrow, măduvă
marsh, mlaştină
marsupialization, marsupializare
mash, a zdrobi ; terci
mask, mască
masking effect, efect de mască
masochism, masochism
mass, masă
massage, masaj
mast cell, mastocit
mastectomy, mastectomie
mastery, măiestrie ; cunoaştere
mastication, masticaţie
mastitis, mastită
mastodynia, mastodinie
mastoid, mastoid
– **mastoid process**, apofiza mastoidă
mastoidectomy, mastoidectomie
mastoiditis, mastoidită
masturbation, masturbare
matching, potrivire
materia medica, material medical
material, material ; materie
mating, împerechere
matrix, matrice
matter, materie ; substanţă
mattress, saltea
maturation, maturare
mature, matur
maxilla, maxilar (superior)
maxillary, maxilar
maximal, maximal ; maxim
maze, labirint
meal, masă ; mâncare
mean, mijlociu ; mediu
meaning, semnificaţie
meaningful, expresiv ; semnificativ
meaningless, fără semnificaţie
measles, rujeolă
– **German measles**, rubeolă
measure, măsură
meat, carne
meatus, conduct ; meat
mechanics, mecanică
meconium, meconiu
medecines, medicamente
media, mediu ; mijloc
medial, intern ; medial ; median
– **medial lethal dose (LD50)**, doza medie letală
– **medial survival**, medie de supravieţuire
medianoscopy, medianoscopie
mediastinum, mediastin
medicament, medicament
medication, medicament
medicinal, medicinal
medicine, medicină ; medicament
medicosurgical, medicochirurgical

Mediterranean anemia, talasemie
medium, mediu ; mijlociu
– **medium length stay**, mijlocul sejurului
medulla, măduvă ; bulb rahidian
– **medulla oblongata**, bulb rahidian
medullary, medular
medullated nerve fibre, fibră nervoasă mielinizată
medulloblastoma, medulloblastom
meeting, adunare
megacephalie, megacefalie
megacolon, megacolon
megakariocyte, megacariocit
megaloblast, megaloblast
megalomania, megalomanie
meibomian cyst, chalazion
meiosis, meioză
melancholia, melancolie
melanin, melanină
melanoma, melanom
melanosis, melanoză
melanotic, melanic
melt, a topi
melting, fuziune ; topire
membership, adeziune
membrane, membrană
memory, memorie
– **memory complaint**, probleme de memorie
menarche, menarhă
meningeal, meningeal
meninges, meninge
meningioma, meningiom
meningism, meningism ; pseudomeningită
meningitis, meningită
meningocele, meningocel
meningococcemia, meningococemie
meningoencephalocele, meningoencefalocel
meniscectomy, meniscectomie
meniscus, menisc
menopause, menopauză
menorrhagia, menoragie
menses, menstre ; cicluri
menstruation, menstruaţie
mental, mental ; mentonier
mention, a menţiona ; a cita ; a raporta
merge, fuzionare ; unire
mesarteritis, mezarterită
mesencephalon, mezencefal
mesenchyme, mezenchim
mesenteric, mezenteric
mesentery, mezenter
mesmerism, hipnotism ; magnetism ; mesmerism
mesoappendix, mezoapendice
mesocolon, mezocolon
mesoderm, mezoderm
mesonephroma, mezonefrom
mesosalpinx, mezosalpinge
mesothelioma, mezoteliom
mesothelium, mezoteliu
mesovarium, mezovar
metabolic, metabolic
– **metabolic pathway**, cale metabolică

metabolism, metabolism
metacarpal, metacarpian
metacarpophalangeal, metacarpofalangian
metacarpus, metacarp
metal, metal
metamorphosis, metamorfoză
metaphore, metaforă
metaphysis, metafiză
metaplasia, metaplazie
metastasis, metastază
metatarsal, metatarsian
metatarsalgia, metatarsalgie
meteorism, meteorism
meter, metru
methemoglobin, methemoglobină
méthionine, metionină
method, metodă ; tehnică
metra, uter
metric system, sistem metric
metritis, metrită
metrorrhagia, metroragie
microbe, microb
microbiology, microbiologie
microcephalic, microcefalic
microcyte, microcit
microcythemia, microcitemie
microglia, microglie
micrognathia, micrognaţie
microgram, microgram (µg)
micrometer, micrometru (µm)
microorganism, microorganism
microphthalmos, microftalmie
microscope, microscop
microsome, microzom
microsurgery, microchirurgie
microtome, microtom
micturition, micţiune
midbrain, mezencefal
midday, amiază ; miezul zilei
middle, mijloc ; mediu
– **middle ear**, urechea medie
midget, piticism ; nanism
midline, linie mediană
midnight, miezul nopţii
midpain, durere pelviană intermenstruală
midriff, diafragm(ă)
midstream urine, urina din jetul mijlociu
midwife, moaşă
midwifery, obstetrică
migraine, migrenă
mild, benign ; uşor ; moale
mildness, benignitate
milestone, jalon
miliaria, miliar
milium, milium
milk, lapte
– **humanized-milk**, lapte maternizat
– **milk teeth**, dinţi de lapte
milkcrust, crusta laptelui ; seboreea scalpului copilului
milkiness, lactescent
millicurie, milicurie
milligamma, nanogram (ng)
milligram, miligram (mg)
milliter, mililitru (ml)
millimeter, milimetru
Milroy's disease, boala Milroy

mimicry, mimetism
mind, minte ; amintire
mineral, mineral
miner's anemia, anchilostomiază
minipill, pilulă microdozată
minor, minor
minus, minus
minute, minuscul ; minut
mirror, oglindă
miscarriage, avort
miscellaneous, divers ; amestecat
mischief, pagubă ; greşeală
mismatch, incompatibilitate
missing, lipsă ; absent
misspelling, greşeală de ortografie
mistake, greşeală ; eroare
mistyping, greşeală de clasificare
misuse, întrebuinţare greşită
mite, acarian
– **mite fever**, tifos exantematic
mitochondria, mitocondrie
mitosis, mitoză
mitral, mitral
– **mitral regurgitation**, insuficienţă mitrală
– **mitral stenosis**, stenoză mitrală
– **mitral valve**, valva mitrală
mixed, amestecat ; mixt ; combinat
mixture, amestec
mobile, mobil
modiolus, columelă ; modiol
moist, umed
moisten, a umecta ; a umezi
molality, molaritate
molar teeth, molari
molarity, molaritate
molasses, melasă
molding, modelaj ; mulaj
mole, aluniţă
molecule, moleculă
mongolism, mongolism
monitoring, monitorizare ; supraveghere
monoamine oxidase inhibitor (MAOI), inhibitor de monoaminoxidază (IMAO)
monoclonal, monoclonal
monocyte, monocit
monocytosis, monocitoză ; leucocitoză monocitară
monograph, monografie
monomania, idee fixă ; obsesie ; monomanie
mononeuritis, mononevrită
mononuclear, mononuclear
mononucleosis, mononucleoză
monoplegia, monoplegie
monopolar, unipolar
monorchid, monorhid
monosaccharide, monozaharid
mons pubis, muntele lui Venus
mood, stare de spirit ; dispoziţie
moody, capricios

morbid, morbid
morbilli, rujeolă
morbus, maladie
morgue, morgă
moribund, muribund
morning sickness, greţuri matinale (gravidice)
moron, debil mintal
morphea, sclerodermie circumscrisă
morphine, morfină
morphology, morfologie
mortality, mortalitate
mortuary, morgă
morula, morulă
mosaic, mozaic
mosquito net, plasă împotriva tânţarilor
mother, mamă
mothering, maternitate
motility, motilitate
motion, mobilitate ; mişcare
- **motion sickness**, rău de maşină

motor, motor
- **motor brain cripple**, infirm motor cerebral
- **motor end plate**, placă motorie
- **motor unit**, unitate motorie

mottling, marmorare
mould, mucegai ; pământ îngrăşat
mountain sickness, rău de înălţime
mounting, montaj
mourning, doliu
mouth, gură
- **mouth piece**, piesă bucală

mouthful, îmbucătură
mouth-to-mouth, gură la gură
movement, mişcare
mucilage, mucilagiu
mucin, mucină
mucocele, mucocel
mucoid, mucoid
mucolytic, mucolitic ; fluidifiant
mucopurulent, mucopurulent
mucosa, mucoasă
mucous, mucos
- **mucous cell membrane**, mucoasă

mucoviscidosis, mucoviscidoză
mucus, mucus
mud, nămol ; noroi
multigravida, multigestantă
multilocular, multilocular
multipara, multipar
multiple, multipu
- **multiple drug addiction**, politoxicomanie
- **multiple drug treatment**, polichimioterapie
- **multiple factor analysis**, analiză factorială
- **multiple injuries**, politraumatism
- **multiple pregnancy**, sarcină multiplă
- **multiple sclerosis**, scleroză în plăci

mumble, a mormăi
mumps, oreion
murmur, murmur ; suflu
muscle, muşchi
– **muscle weakness**, deficienţă musculară
muscular, muscular
– **muscular atrophy**, amiotrofie
– **muscular dystrophy**, distrofie musculară progresivă
mustard plaster, sinapism ; cataplasme cu muştar
mutagen, mutagen
mutant, mutant
mutation, mutaţie
mute, mut
mutilation, mutilare
mutism, mutism
myalgia, mialgie
myasthenia, miastenie
– **myasthenia gravis**, miastenia gravis
mycetoma, micetom
mycosis, micoză
mycotoxin, micotoxină
mydriasis, midriază
myelin, mielină
myelitis, mielită
myelocele, mielocel ; mielomeningocel
myelocyte, mielocit
myelogram, mielogramă
myeloid, mieloid
myeloma, mielom
myelomatosis, mielomatoză
myelopathy, mielopatie
myelosclerosis, mieloscleroză
myocardial, miocardic
– **myocardial infarction**, infarct miocardic
myocarditis, miocardită
myocardium, miocard
myofibril, miofibrilă
myogenic, miogen
myoglobin, mioglobină
myoma, miom
myomectomy, miomectomie
myometrium, miometru
myopathy, miopatie
myope, miop
myosarcoma, miosarcom
myosin, miozină
myosis, miozis
myositis, miozită
– **myositis ossificans**, miozită osificantă
myotatic reflex, reflex miotatic
myotic, miotic
myotomy, miotomie
myotonia dystrophica, miotonie atrofică ; boala Steinert
myotony, miotonie
myringa, membrana timpanică
myringitis, miringită
myringoplasty, miringoplastie
myringotomy, miringotomie ; paracenteză timpanică
myxedema, mixedem
myxoma, mixom
myxosarcoma, mixosarcom

N

nagging, persistent
nail, cui ; unghie
nailfile, pilă de unghii
nail-plate fixation, osteosinteză cu plăcuţă şi şuruburi
naked, nud
name, nume
nanism, nanism ; piticism
nanous, nanic ; pitic
nap, aţipire
nape, ceafă
napkinrash, eritem fesier
narcissism, narcisism
narcoanalysis, narcoanaliză
narcolepsy, narcolepsie
narcosis, narcoză
narcotic, narcotic ; stupefiant
nares, nări ; narine
narrowing, stenoză
nasal, nazal
nasogastric tube, sondă nazoesofagiană
nasolacrimal, nazolacrimal
nasopharingeal, nazofaringian ; rinofaringian
nasopharynx, nazofaringe
natality, natalitate
nates, fese
natural childbirth, naştere naturală
nausea, greaţă
nauseating, greţos ; emetizant
navel, buric ; ombilic
navicular, navicular
– **navicular os**, osul navicular ; osul scafoid
near, aproape
near-sightedness, miopie
nebula, opacitate corneană
nebulizer, vaporizator
neck, gât ; col
– **neck of tooth**, colet
necropsy, necropsie
necrosed, necrozat
necrosis, necroză
necrotic, necrotic
need, nevoie
needle, ac
– **needle biopsy**, puncţie biopsie
– **needle holder**, portac
negation, negare
negative, negativ
negativism, negativism

negligence, neglijenţă
nematode, nematod
neonatal, neonatal
neonate, nou-născut
neoplasm, neoplasm
nephrectomy, nefrectomie
nephritis, nefrită
nephroblastome, nefroblastom
nephrocalcinosis, nefrocalcinoză
nephrocapsulectomy, nefrocapsulectomie
nephrohydrosis, hidronefroză
nephrolithiasis, litiază renală
nephrolithotomy, nefrolitotomie
nephroma, nefrom
nephron, nefron
nephropexy, nefropexie
nephroptosis, nefroptoză
nephrosclerosis, nefroscleroză
nephrosis, nefroză
nephrostomy, nefrostomie
nephrotic, nefrotic
nephrotomy, nefrotomie
nephro-ureterectomy, nefroureterectomie
nerve, nerv ; nervos
nerve-block anesthesia, anestezia locală a nervilor periferici
nervous, nervos
– **nervous breakdown**, depresie nervoasă
net, plasă ; reţea
nettle rash, urticarie
network, reţea
neural, neural
neuralgia, nevralgie
neurapraxia, neuropraxie
neurasthenia, neurastenie
neurectomy, neurectomie, nevrectomie
neurilemma, neurilemă ; teaca Schwann
neurinoma, neurinom
neuritis, nevrită
neuroblastoma, neuroblastom
neurodermatitis, neurodermatită ; nevrodermită
neuroepithelium, neuroepiteliu
neurofibroma, neurofibrom
neurofibromatosis, neurofibromatoză
neuroglia, nevroglie
neuroglioma, gliom
neuroleptic, neuroleptic
neurologist, neurolog
neurology, neurologie
neuroma, nevrom
neuromuscular junction, joncţiune neuromusculară
neuron, neuron
neuropathic, neuropatic
neuropathy, neuropatie
neuroplasty, neuroplastie
neurorrhaphy, neurorafie
neurosis, nevroză
neurosurgery, neurochirurgie
neurosyphilis, sifilis neurologic

neurotic, nevrotic
neurotmesis, neurotmesis
neurotomy, neurotomie
neurotransmitter, neurotransmiţător
neutral, indiferent ; neutru
neutropenia, neutropenie
neutrophil, neutrofil
nevus, nev
newborn, nou-născut
next, următor ; viitor
nick, tăietură
nicotine addiction, dependenţă nicotinică ; intoxicaţie tabagică
nicotinic acid, acid nicotinic
nictation, clipire (rapidă)
nidation, nidare
night, noapte
- **night blindness**, hemeralopie
- **night light**, veioză
- **night shift**, echipă (schimb) de noapte
- **night terror**, teroare nocturnă
- **night watch**, gardă de noapte

nightmare, coşmar
nigrescent, negricios
nigriries liguae, limbă neagră
nipple, mamelon
nit, lent
nitrogen, nitrogen ; azot
nitrous oxide, protoxid de azot
nocturia, nicturie
nocturnal, nocturn
node, nod ; ganglion
nodule, nodozitate ; nodul
noise, zgomot
noon, amiază
norepinephrine, noradrenalină
normal, normal
normoblast, normoblast
normocyte, normocit
nose, nas
nosocomial infection, infecţie nosocomială
nosology, nosologie
nosophobia, nosofobie ; ipohondrie
nostril, narină
notch, eşancrură ; incizură
notice, aviz
notify, a declara ; a notifica
noxious, nociv ; dăunător
nucha, ceafă
nuclear, nuclear
- **nuclear bag fibre**, fibră de tip sac nuclear
- **nuclear chain fiber, fibră** de tip lanţ nuclear
- **nuclear fallout**, căderi radioactive
- **nuclear magnetic resonance (NMR)**, rezonanţă magnetică nucleară (RMN)
- **nuclear medicine**, medicină nucleară

nucleated, nucleat
nucleic acid, acid nucleic

nucleolus, nucleol
nucleoprotein, nucleoproteină
necleotid, nucleotid
nucleus, nucleu
nullipara, nulipară
number, cifră ; număr
numbness, amorţeală
nummulated, numular
nurse, infirmier(ă)
nursing, îngrijire medicală
– **nursing auxiliary**, ajutor de infirmier
nutation, nutaţie
nutrient, aliment ; nutriment
nutrition, nutriţie
nyctalopia, hemeralopie
nymphomania, nimfomanie
nystagmus, nistagmus

O

obesity, obezitate
object, obiect ; a protesta
objective, obiectiv
– **objective signs**, semne obiective ; semne fizice
oblique light, lumină oblică
obsession, obsesie
obsolete, desuet
obstetric, obstetrical
obstetrician, obstetrician
obstetrics, obstetrică
obturator, obturator
obtuse, redus ; mărginit ; obtuz
obvious, evident
occipital, occipital
occlusion, ocluzie
occlusive dressing, pansament ocluziv
occult blood, hemoragie ocultă
occupation, ocupaţie ; profesie
occupational, profesional
– **occupational disease**, boală profesională
– **occupational injury**, accident de muncă
– **occupational medicine**, medicina muncii
– **occupational therapy**, ergoterapie
occurrence, apariţie ; manifestare
ocular, ocular
oculist, oculist
oculogyric, oculogir
oculomotor nerve, nervul oculomotor comun
odd, ciudat ; bizar
odontalgia, odontalgie
odontoid, odontoid ; dentiform
odontology, odontologie
odontoma adamentinum, odontom adamantin
odor, miros
off label drug, medicament experiemental
off peak hours, intervalul din afara orelor de vârf
offender, contravenient ; delincvent
offense, delict
offensive breath, halenă fetidă
office, birou

offset, compensare
offspring, progenitură
oil, ulei
ointment, unguent ; pomadă
old age, bătrâneţe
older, mai bătrân ; mai vechi
– **older patient**, pacient în vârstă
olecranon, olecraniu
olfactory, olfactiv
oligodendroglia, oligodendroglie
oligomenorrhea, oligomenoree
oligospermia, oligospermie
oligotrophia, oligotrofie
oliguria, oligurie
omentocele, epiplocel
omentopexy, omentopexie
omentum, epiplon
omphalitis, omfalită
omphalocele, omfalocel
on all fours, (în) patru labe
on going, în curs
on hold, în aşteptare
on line, online ; conectat
one year survival rate, rata de supravieţuire de un an
on-off, intermitent
onset, debut
onychia, onichie
onychocrypthosis, onicocriptoză ; unghie încarnată
onychogryphosis, onicogrifoză
onychomycosis, onicomicoză
oocyte, oocit ; ovocit
oogenesis, oogeneză ; ovogeneză
oophorectomy, ooforectomie ; ovarectomie
oophoritis, ooforită
oophorosalpingectomy, ooforosalpingentomie ; ovarosalpingectomie
oozing, scurgere
opacity, opacitate
opaque, opac
open, deschis
opening, deschidere
open-label, deschis
operating suite, bloc operator
ophthalmia, oftalmie
ophthalmic, oftalmic
ophthalmologist, oftalmolog
ophthalmology, oftalmologie
ophthalmoplegia, oftalmoplegie
ophthalmoscope, oftalmoscop
opiate, opiaceu
opioid, opioid
opisthotonus, opistotonus
opium, opiu
opponents, oponenţi ; opozanţi
opportunistic, oportunist
opsonin, opsonină
optic, optic
– **optic disk**, papilă optică ; disc optic
– **optic tract**, bandeleta optică
optician, optician

optics, optică
optimum, optim(al)
optometry, optometrie
oral, oral ; bucal
orally, (pe) cale orală
orbicular, orbicular
orchidectomy, orhidectomie
orchidopexy, orhidopexie
orchiepididymitis, orhiepididimită
orchis, testicul
orchitis, orhită
order, comandă ; ordin
ordinate, ordonată
organ, organ
organic, organic
organism, organism ; microorganism
orgasm, orgasm
oriental sore, tip de leishmanioză
orientation, orientare
orifice, orificiu
origin, origine
ornithosis, ornitoză
oropharynx, orofaringe
orphan virus, virus care nu a fost clasificat şi corelat cu o anumită boală
orthodontics, ortodonţie
orthopedics, ortopedie
orthosis, orteză
orthostatic, ortostatic
os, os
oscheal, scrotal
oscillating nystagmus, nistagmus oscilant
oscillation, oscilaţie
osmolality, osmolalitate
osmole, osmol
osmosis, osmoză
osmotic, osmotic
– **osmotic fragility test**, testul de fragilitate osmotică (de rezistenţă globulară)
osseous, osos
ossicle, oscior
ossification, osificare
osteitis, osteită
ostensibly, în aparenţă
osteoarthritis, osteoartrită ; artroză
osteoarthropathy, osteoartropatie
osteoarthrosis, osteoartroză
osteoarthrotomy, osteoartrotomie
osteoblast, osteoblast
osteochondral, osteocartilaginos
oseochondriris, osteocondrită
osteochondroma, osteocondrom
osteoclasis, osteoclazie
osteoclast, osteoclast
osteoclastoma, osteoclastom ; tumoră cu mieloplaxe
osteocyte, osteocit
osteodystrophy, osteodistrofie
osteogenesis, osteogeneză
osteolytic, osteolitic
osteomalacia, osteomalacie
osteomyelitis, osteomielită

osteopathy, osteopatie
osteopetrosis, osteopetroză
osteophony, conducţie osoasă ; osteofonie
osteophyte, osteofit
osteoplastic, osteoplastic
osteoporosis, osteoporoză
osteosarcoma, osteosarcom
osteosclerosis, osteoscleroză
osteotome, osteotom
osteotomy, osteotomie
ostium, orificiu ; ostium
otalgia, otalgie
otomycosis, otomicoză
otorhinolaryngology, otorinolaringologie
otosclerosis, otoscleroză
otoscope, otoscop
ototoxic, ototoxic
outbreak, eclozare ; izbucnire
outcome, evoluţie ; efect
outdated, perimat
outer ear, ureche externă
outfit, echipament
outflow, debit
outgrowth, excrescenţă
outline, contur ; schemă
outlook, perspectivă ; pronostic
outpatient, bolnav ambulator
output, debit ; produs ; randament
outreach center, centru de primire medicosocial
outspread, întins
outweigh, a depăşi
ovariectomy, ovariectomie
ovariotomy, ovariotomie
ovaritis, ovarită
ovary, ovar
over, terminat ; peste ; dincolo ; în cursul
– **over the counter preparation (OTC)**, medicament vândut fără reţetă
overactivity, supraactivitate
overage, excedent
overall, global
overcompensation, supracompensaţie
overconsumption, supraconsum
overdiagnosis, supradiagnostic
overdosage, supradozaj
overdose, supradoză
overextension, supraextensie
overfeeding, supraalimentare
overflow, debordare ; regurgitaţie
overgrowth, hipertrofie
overlap, suprapunere parţială
overlay, element supraadăugat
overloading, supraîncărcare
overlook, a neglija
overshoot, inversare de potenţial
overstrain, surmenaj
overstress, surmenaj
overt, evident ; manifest
overview, vedere de ansamblu
overweight, exces de greutate
overworked, surmenat

oviduct, oviduct
ovulation, ovulaţie
ovule, ovul
ovum, ovul
owing to, datorită
own, propriu
oxaluria, oxalurie
oxidation, oxidare
oximeter, oximetru
oxycephaly, oxicefalie
oxygen, oxigen
 – **oxygen tent**, cort pentru oxigenare
 – **oxygen therapy**, oxigenoterapie
 – **oxygen uptake**, consum de oxigen
oxygenation, oxigenare
oxyhemoglobin, oxihemoglobină
oxyntic cell, celulă oxintică
oxytocic, ocitocic
oxytocin, ocitocină
oxyuriasis, oxiuroză
ozena, ozenă
ozone, ozon

P

pace, viteză ; pas ; ritm
pacemaker, stimulator cardiac
pachydermia, pahidermie
pachymeningitis, pahimeningită
pacing, stimulare electrosistolică
pack, mănunchi ; tamponament
package, colet ; pachet
– **package deal**, acord global
– **package insert**, prospect
packaging, ambalaj
pad, compresă ; prosop igienic ; burelet
page setup, aşezare în pagină
pain, algie ; durere
– **pain rating**, evaluarea durerii
– **pain relief**, alinarea durerii
painful, dureros
painless childbirth, naştere fără dureri
painting, badijonaj
pairing, împerechere ; unire
palate, palat
palatoplegia, palatoplegie ; paralizia vălului palatin
palliative, paliativ
pallidectomy, palidectomie
pallor, paloare
palm, palmă
palmar, palmar
palpation, palpare
palpebra, pleoapă
palpitation, palpitaţie
palsy, paralizie
paludism, paludism
pamper, a răsfăţa
pan, chiuvetă
panarthritis, panartrită
pancarditis, pancardită
pancreas, pancreas
pancreatectomy, pancreatectomie
pancreatin, pancreatină
pancreatitis, pancreatită
pancreozymine, pancreozimină
pandemic, pandemic
panel, tablou
pang, durere bruscă ; junghi
panhypopituitarism, panhipopituitarism

panic attak, atac de panică
panniculitis, hipodermie ; paniculită
panophthalmia, panoftalmie
panotitis, otită generalizată
papilla, papilă
papilledema, edem papilar
papillitis, papilită
papilloma, papilom
papule, papulă
para-aminobenzoic acid (PABA), acid paraaminobenzoic
para-aminohippuric acid (PAH), acid paraaminohipuric
paracentesis, paracenteză
paracusia, paracuzie
paradoxical sleep, somn paradoxal
parainfluenza, paragripal ; parainfluenza
paralysis, paralizie
– **paralysis agitans**, boala Parkinson
paralytic, paralitic
paramedian, paramedian
paramedical, paramedical
parametritis, parametrită
parametrium, parametru
paramnesia, paramnezie
paramount, capital
paranasal, paranazal
– **paranasal sinus**, sinus paranazal
paranoia, paranoia
paranoid, paranoic
paraphimosis, parafimoză
paraplegia, paraplegie
parapraxis, greşeli minore de vorbire sau de scriere ori mici scăpări de memorie
pararectal, pararectal
parasite, parazit
parasiticide, paraziticid
parasympathic, parasimpatic
parathormone, parathormon
parathyroid, paratiroidă
parathyphoid, paratifoid
paravertebral, paravertebral
parenchyma, parenchim
parenteral, parenteral
paresis, pareză
paresthesia, parestezie
parietal, parietal
– **parietal cell**, celulă parietală
paries, perete despărţitor
parity, paritate
Parkinson's disease, boala Parkinson
paronychia, paronichie
parosmia, parosmie
parotid, parotidă
parotiditis, parotidită
paroxysm, acces ; paroxism
paroxysmal, paroxistic
part, parte
parthenogenesis, partenogeneză
particle, particulă
parting, despărţire ; separare
partition, divizare

part-time job, serviciu part-time
parturition, naştere
passive, pasiv
password, parolă
past history, antecedente
paste, a lipi ; pastă
– **special paste**, lipici special
pasteurization, pasteurizare
pasty, cleios ; păstos
patch, bucată ; plasture ; timbru
– **patch test**, epidermoreacţie ; test percutanat
patella, rotulă
– **patella impact**, şoc rotulian
patellectomy, patelectomie
patency, libertate ; permeabilitate
– **ductus arteriosus patency**, canal arterial sistemic
– **foramen ovale patency**, permeabilitatea găurii ovale
pathogenesis, patogeneză ; patogenie
pathogenic, patogen ; patogenic
pathognomonic, patognomonic
pathological, anatomopatologic ; patologic
pathology, anatomopatologie ; patologie
pathophobia, patofobie
pathway, cale
patient, pacient ; bolnav
– **patient chart**, fişa pacientului
pattern, model ; schemă
patulous, destins ; deschis
peak, maxim ; vârf
peakflow, debit maxim
pectin, pectină
pectineal ligament, ligamentul pectineal ; ligamentul Cooper
pectoral, pecroral
– **pectoral limb**, membru superior
pectus, torace
pediatrician, pediatru
pediatrics, pediatrie
pedicle, pedicul
pediculated, pediculat
pediculosis, pediculoză
pedoncle, peduncul
peeling, descuamare
peer, pereche
pegging, ancorare ; fixare
pellagra, pelagră
pellet, pastilă ; peletă
pellicule, peliculă
pelvic, pelvian
pelvimetry, pelvimetrie
pelvis, bazin ; pelvis
pemphigus, pemfigus
pendular, pendular
pendulous, oscilant ; suspendat
penetration, penetrare

penicillin, penicilină
penis, penis
pensioner, pensionar
pentose, pentoză
pentosuria, pentozurie
pepsin, pepsină
peptic, peptic
- **peptic ulcer**, ulcer peptic ; ulcer gastroduodenal

peptide, peptidă
perception, percepţie
percussion, percuţie
perforation, perforaţie
perform, a realiza
performance, randament ; performanţă
perfusion, perfuzie
periaqueducal gray matter, substanţa cenuşie
periarteritis, periarterită
- **periarteritis nodosa**, periarterită nodoasă

periarthritis, periartrită
pericardial, pericardic
pericarditis, pericardită
pericardium, pericard
perichondritis, pericondrită
perichondrium, pericondru
pericolitis, pericolită
pericorneal ring, inel pericornean ; inelul Kayser-Fleicher
pericoronal flap, capuşon mucos
perilymph, perilimfă
perimeter, perimetru
perinatalogy, medicină perinatală
perineal, perineal
perineorrhaphy, perineorafie
perinephric, perinefritic
perineum, perineu
perineurium, perinerv
period, perioadă
periodic syndrome, boală periodică
periodontal disease, boală parodontală ; parodontopatie
periosteal, periostic ; periostal
periosteum, periost
periostitis, periostită
peripheral, periferic
periproctitis, perirectită
peristalsism, peristaltism
peritomy, peritomie
peritoneal, peritoneal
peritoneum, peritoneu
peritonitis, peritonită
peritonsillar, periamigdalian
periurethral, periuretral
permanent teeth, dinţi permanenţi
permeability coefficient, coeficient de permeabilitate
permissiveness, permisivitate ; laxitate
pernicious, pernicios
pernio, eritem pernio ; pernion
peroneal, peronier
- **peroneal atrophy**, atrofie peronieră Charcot-Marie

perseveration, perseverenţă

pertussis, pertusis
pes, picior
– **pes cavus**, picior scobit bilateral ; picior cavus
– **pes valgus**, picior valgus
pessary, pesar
pest, parazit ; pestă
pet, animal de casă
PET scan, tomografie prin emisie de pozitroni
petechia, peteşie
petrissage, petrisaj
petroleum jelly, vaselină
petrous, pietros
– **petrous bone**, porţiunea pietroasă a osului temporal
pH, pH
phage typing, lizotip
phagocyte, fagocit
phagocytosis, fagocitoză
phalange, falangă
phallic phase, stadiu falic
phantom limb, membru-fantomă
pharmacist, farmacist
pharmacogenetics, farmacogenetică
pharmacokinetics, farmacocinetică
pharmacology, farmacologie
pharmacy, farmacie
pharyngeal, faringian
– **pharyngeal pouch**, pungă faringiană
pharyngectomy, faringectomie
pharyngitis, faringită
pharyngolaryngectomy, faringolaringectomie
pharingoplasty, faringoplastie
pharyngotomy, faringotomie
pharyngotympanic tube, trompa lui Eustache
pharynx, faringe
phase-contrast microscope, microscop cu contrast de fază
phenol red test, testul cu fenolsulfonftaleină
phenotype, fenotip
phenolketonuria, fenilcetonurie
phlebectomy, flebectomie
phlebitis, flebită
phlebothrombosis, tromboflebită
phlebotonic, flebotonic
phlegmasia, phlegmatia
– **alba dolens phlegmasia**, phlegmatia alba dolens
phlyctenular, flictenular
phobia, fobie
phonation, fonaţie
phoniatrics, foniatrie
phonocardiogram, fonocardiogramă
phonocardiograph, fonocardiograf
phosphate, fosfat
phosphaturia, fosfaturie
phospholipid, fosfolipid
phosphonecrosis, fosfonecroză
photobiology, fotobiologie

photochimiotherapy, fotochimioterapie
photophobia, fotofobie
photosensitization, fotosensibilizare
phrenic, diafragmatic ; frenic
phrenicectomy, frenicectomie
phrenoplegia, paralizie diafragmatică ; frenoplegie
physiatrics, fizioterapie
physical science, ştiinţe fizice
physical therapy, kineziterapie
physician, medic
physicist, fizician
physiological saline, ser fiziologic
physiology, fiziologie
physiotherapy, kineziterapie ; fizioterapie
physique, stare fizică
phytic acid, acid fitic
pia mater, pia mater
pica, pica
pick up, a capta
picture, clişeu ; desen ; imagine
pigeon chest, torace în carenă
pigment, pigment
pigmentation, pigmentare
piles, hemoroizi
pill, pastilă ; pilulă
pillow, pernă
pilonidal cyst, sinus pilonidal
pilosis, hirsutism
pimple, pustulă ; coş
pin, bold ; broşă ; cui ; ac cu gămălie
pineal gland, epifiză
pinguecula, pinguecula
pink disease, acrodinie
pinning, fixare cu un ac
pinocytosis, pinocitoză
pinprick, înţepătură de ac
pinworm, oxiur
pipe, ţeavă ; furtun
pipet, pipetă
pit, fosetă ; cavitate
pitch, înălţime a unui sunet
pituitary gland, hipofiză
pityriasis rosea, pitiriazis rozaceu
place, loc
placebo-controlled, control placebo
placenta, placentă
– **placenta previa**, placenta previa
placental, placentar
– **placental barrier**, barieră placentară
– **placental birth**, delivrenţă
plagiocephaly, plagiocefalie
plague, pestă
plain, simplu
planning, planificare
plant, instalaţie industrială
plantar, plantar
– **plantar fibromatosis**, fibromatoză plantară
– **plantar wart**, neg plantar ; verucă plantară
plasma, plasmă
– **plasma cell**, plasmocit

- **plasma exchange**, plasmafereză

plasmacytosis, plasmacitoză
plasmapheresis, plasmafereză
plaster, ghips
plastic, plastic
plate, clişeu ; farfurie
platelet, plachetă sangvină ; trombocit

- **platelet clumping**, agregare plachetară
- **platelet suppressive agent**, antiagregant plachetar

pledget, tampon de vată
pleomorphism, pleomorfism
plethora, pletoră
plethysmograph, pletismograf
pleura, pleură

- **cervical-pleura**, dom pleural

pleural effusion, pleurezie
plexus, plex
plica, plică ; pliu ; plicatură ; repliu
plight, stare critică
plug, buşon ; tampon
plumbism, saturnism
pneumocele, pneumocel
pneumaturia, pneumaturie
pneumococcus, pneumococ
pneumoconiosis, pneumoconioză
pneumogastric nerve, nervul pneumogastric ; nervul vag
pneumonectomy, pneumonectomie
pneumonia, pneumonie
pneumopathy, pneumopatie
pneumoperitoneum, pneumoperitoneu
pneumothorax, pneumotorax
pock, pustulă
poikilocytosis, poikilocitoză
point, punct

- **point out**, a sublinia

poison, otravă ; venin
polar body, moleculă polară
policy, politică ; linie de conduită
polioencephalitis, polioencefalită
poliomyelitis, poliomielită
pollution, poluare ; poluţie
polyarteritis nodosa, periarterită nodoasă
polyarthritis, poliartrită
polychondritis, policondrită
polycystic, polichistic
polycythemia, policitemie

- **polycythemia vera**, policitemia vera

polydactyly, polidactilie
polydipsia, polidipsie
polygon of support, poligon de susţinere
polymenorrhea, polimenoree
polymorphism, polimorfism
polymyositis, polimiozită
polyneuritis, polinevrită
polyneuropathy, polineuropatie
polyopia, poliopie

polyposis, polipoză
polypus, polip
polysaccharide, polizaharid
polysialya, ptialism ; polisialie ; sialoree
polyuria, poliurie
pomade, pomadă
pompholyx, dishidroză
pons, punte
pontine, protuberanţial
pooh, caca
pool, rezervor
popliteal, popliteu
pore, por
porphyria, porfirie
porphyrin, porfirină
portal, poartă
position, poziţie ; postură
positive, pozitiv
posology, posologie
postabortal, post-avort
posterior chamber of eye, camera posterioară a ochiului
postinfectious, postinfecţios
postmaturity, sarcină prelungită ; post-maturitate
postmortem changes, fenomene cadaverice
postpartum psychosis, psihoză post-partum ; psihoză puerperală
postpone, a amâna
postponement, amânare ; decalare
post-term pregnancy, sarcină prelungită
postural, postural
postvaccinal, post-vaccin
postvoiding, post-micţiune
potency, potenţă ; tărie ; forţă
potential, potenţial
pouch, bursă ; buzunar
pound, livră (0,453 kg)
pounding, zdrobire
pour, a vărsa ; a turna
powder, pudră ; pulbere
power, putere
– **power cut**, întreruperea curentului
– **power output**, putere
– **power spectrum**, spectru de putere
powerful, puternic
pox, variolă ; vărsat
practice, clientelă ; exerciţiu ; practică
practitoner, medic ; practician
prattle, a gânguri
preauricular, preauricular
precancerous, precanceros
precipitin, anticorpi precipitanţi
precocious, precoce
precordialgia, durere precordilă
precordium, regiunea precordială
pregnancy, sarcină
pregnant, însărcinată
prejudice, prejudiciu
premarital certificate, certificat prenupţial

premature, prematur
prematurity, prematuritate
premenstrual, premenstrual
premolar, premolar
prenatal, prenatal
– **prenatal care**, îngrijiri prenatale ; igiena gravidei
prepuce, prepuţ
prerequisite, condiţie prealabilă
presbyacusia, prezbiacuzie
presbyophrenia, prezbiofrenie
presbyopia, prezbiţie ; prezbiopie
prescriber, medic care prescrie
prescription, prescripţie ; ordonanţă
presentation, prezentare
presenting symptom, simptome prezente
presently, în prezent
pressor amines, amine presoare
– **pressor amines point**, punct de presiune
pressure, compresiune ; presiune ; tensiune
– **pressure reducer**, relaxant
– **pressure sore**, escară de decubit
presystole, presistolă
prevent, a preveni ; a evita
previous state, starea anterioară
priapism, priapism
prick, înţepătură ; injecţie
prickle-cell layer, stratul spinos
prickly heat, sudamină
primary, primar
prime, prim ; esenţial ; apogeu
primipara, primipară
print, a lista ; listare
– **print preview**, privire generală înainte de listare
printer, imprimantă
prior, anterior
privacy, viaţă privată ; intimitate
probe, probă ; sondă ; stilet
probing, sondaj
problem, problemă
procedure, modalitate
process, apofiză ; procedeu ; proces
processing, tratament
procidentia, prolaps
proconvulsant, epileptogen
proctalgia, proctalgie
proctectomy, proctectomie
proctitis, proctită ; rectită
proctocele, proctocel
proctoscopy, proctoscopie
prodromal period, perioadă prodromală
product, produs
progeny, urmaş ; descendent
progeria, progerie
progesterone, progesteron

proglottis, proglotid
prognosis, pronostic
progress, progres ; evoluţie
progressive, progresiv ; evolutiv
projection, proiectare
prolactin, prolactină
prolapse, prolaps
prolapsed disc, hernie de disc
promonocyte, monoblast ; promonocit
promontory, promontoriu
pronation, pronaţie
prone, procubitus ; cu faţa în jos
proneness, predispoziţie
proof, dovadă ; încercare ; probă
propellent, propulsor
propensity, tendinţă
proper, adecvat ; potrivit
prophylaxis, profilaxie
proprietary name, denumire comercială
proprioceptor, proprioceptor
proptosis oculi, protruzie oculară
prostacyclin, prostaciclină
prostaglandin, prostaglandină
prostate, prostată
prostatectomy, prostatectomie
prosthesis, proteză
prostration, prostraţie ; apatie
protein, proteină
proteinuria, proteinurie
proteolysis, proteoliză
prothrombin, protrombină
protoplasm, protoplasmă
prototype, prototip
protozoa, protozor
protracted disease, boală cronică
protuberance, protuberanţă ; proeminenţă
prove, a dovedi
provide, a furniza
provided that, cu condiţia să
provitamin, provitamină
proximal, proximal
pruritus, prurit
pseudarthrosis, pseudartroză
pseudobulbar palsy, paralizie pseudobulbară
pseudomnesia, déjà-vu
pseudopod, pseudopod
psittacosis, psitacoză
psoitis, psoită
psoriasis, psoriazis
psychastenia, psihastenie
psyche, spirit ; suflet
psychiatry, psihiatrie
psychic apparatus, sistemul psihic
psychogenic, psihogen
psychological dependance, dependenţă psihică
psychologist, psiholog
psychology, psihologie
psychoneurosis, nevroză psihică
psychopath, psihopat

psychopathology, psihopatologie
psychosis, psihoză
psychosomatic, psihosomatic
psychotherapy, psihoterapie
pterigium, pterigion
ptosis, ptoză
ptyalin, amilază salivară ; ptialină
ptyalism, ptialism ; sialoree
puberty, pubertate
pubis, pubis
pudendal, ruşinos ; vulvar
pudendum muliebre, vulvă
puerperium, puerperalitate
puff, suflu ; puf
puffed, care respiră greu ; care gâfâie
puffiness, moliciune
pull, a trage
pulmonary, pulmonar
 – **pulmonary stenosis**, stenoză pulmonară
 – **pulmonary trunk**, arteră pulmonară
pulp, pulpă
pulpitis, pulpită
pulsation, pulsaţie
pulse, puls
pulsus alternatum, puls alternant
pump, pompă
puncture, puncţie ; puncţionare
pupil, pupilă
purchase, achiziţie
purpose, scop ; obiectiv
purpura, purpura
purring, catar
purulent, purulent ; supurat
pus, puroi
pustula maligna, pustula maligna ; cărbune
pustule, pustulă
putrefaction, putrefacţie
pyelitis, pielită
pyelography, pielografie
pyelolithotomy, pielolitotomie
pyemia, septicopiemie ; piemie
pyknic, picnic
pyknosis, picnoză
pyloric, piloric
pyloroplasty, piloroplastie
pylorum, pilor
pyoderma, piodermită
pyogenic, piogen
pyometra, piometrie
pyonephrosis, pionefroză
pyorrhea, pioree
pyosalpinx, piosalpinge
pyramid, piramidă
pyramidal, piramidal
pyrexia, febră ; pirexie
pyridoxin, piridoxină
pyrogen, pirogen
pyrosis, pirozis
pyuria, piurie

Q

Q fever, febra Q
quack, şarlatan
quadrate, pătrat
quadriceps, cvadriceps
quadrigeminal bodies, tuberculi cvadrigemeni
quadriplegia, tetraplegie
qualify, a califica
– **qualify as**, a obţine o diplomă de
– **qualify for**, a îndeplini condiţiile pentru
quality factors, factori de calitate
quarantine, carantină
quartan fever, febră care revine din patru în patru zile
quaver, tremur în glas ; vibraţie a vocii
queer, ciudat ; bizar
quench, a stinge ; a înăbuşi
– **quench one's thirst**, a-şi potoli setea
querulousness, cverulenţă
quick, rapid
quiescent, liniştit
quiet, linişte ; calm
quinsy, angină flegmonoasă
quite, total
quiver, tremur(at)
quota, dividend ; cotă(-parte)
quote, a cita
quotient, coeficient

R

rabbeting, îmbinare
rabies, turbare ; rabie
racemose, racemos
rack, etajeră
radial, radial
radiant energy, energie radiantă ; radianţă
radiation, radiaţie ; iradiere
radical, radical
radiculitis, radiculită
radioactive, radioactiv
– **radioactive isotope**, izotop radioactiv
radioactivity, radioactivitate
radiobiology, radiobiologie
radiography, radiografie
radio-immunoassay, dozaj radioimunologic
radiologist, radiolog
radiology, radiologie
radionuclide, izotop radioactiv
radiosensitivity, radiosensibilitate
radiotherapy, radioterapie
radix, rădăcină
rage, furie
raise, a ridica
rale, ral
ramus, ramură
random, la întâmplare ; aleatoriu
– **random allocation**, repartizare aleatorie
– **random variable**, variabilă aleatorie
range, interval ; gamă
– **range from... to...**, variază de la... până la...
ranula, ranulă
rape, viol
Rapid Eye Movement (REM), mişcare rapidă a ochilor
rash, exantem ; rash
rat bite fever, febra muşcăturii de şobolan ; sodoku
rate, frecvenţă ; rată ; viteză
rating, evaluare
– **rating scale**, scală de evaluare
– **rating system**, sistem de cotare
ratio, indice ; raport
rationalization, raţionalizare
rattle, ral

raucous, răguşit
rave, a delira
raw data, date brute
ray, rază ; radiaţie
reach, a ajunge ; atingere ; accesibilitate
reaction, reacţie
reactive, reactiv
– **reactive depression**, depresie reacţională
reactivity, reactivitate
readiness, disponibilitate
reading, lectură
readout, afişaj
reagent, reactiv
rael time, timp real
realignment, realiniere
reappraisal, reevaluare
reassess, a reevalua
rebound, revenire
rebreathing, reinhalatea aerului expirat
recall, rapel
receptive field, câmp receptor
receptor, receptor
recessive, recesus ; recesiv
rechallenge, reintroducere
reciprocal inhibition, inhibiţie (inhibare) reciprocă
reclined position, decubit
recognition, recunoaştere
recoil pressure, presiune de retracţie elastică
recombination, recombinare
reconstructive surgery, chirurgie reparatorie
record, înregistrare ; traseu
recorder, aparat de înregistrare
recording, înregistrare
recovery, însănătoşire ; restabilire
recruitment, recrutare
rectal, rectal
– **rectal digital examination**, tuşeu rectal
rectocele, rectocel
rectoscopy, rectoscopie
rectosigmoidectomy, rectosigmoidectomie
rectovesical septum, septul retrovezical ; aponevroza lui Denonvilliers
rectus abdominis muscle, muşchiul drept abdominal
recumbent, culcat ; în decubit
recur, a recidiva
recurrence, recurenţă ; recidivă
red blood cell, eritrocit ; hematie
– **red nucleus**, nucleu roşu
redness, roşeaţă
reduction, reducere
reference, trimitere la ; referinţă ; referire
referred pain, durere referită ; durere proiectată
refinement, rafinare ; punere la punct
reflex, reflex
– **reflex time**, reflexogramă

reflux, reflux
refraction, refracţie
refractory phase, perioadă refractară
refrigeration, refrigeraţie
refusal, refuz
regard, grijă
regardless of, indiferent de
regards, complimente
regimen, regim
region, parte ; regiune
regional, regional
register, înregistrare ; registru
regression, regresie
regulation, regulă ; reglare
regurgitation, regurgitaţie
rehabilitation, reabilitare ; readaptare ; reeeducare
reinforce, a întări ; a ranforsa
rejection, rejet ; respingere
relapse, relare ; revenire
relapsing fever, febră recurentă
related to, înrudit cu ; în legătură cu
relation, contact ; raport ; relaţie
relationship, raport ; relaţie
relatives, rude
relaxant, decontractant ; relaxant
relaxin, relaxină
release, eliberare
- **release on the market**, introducere pe piaţă

releasing hormone, eliberator de hormon
relevant, relevant ; pertinent
reliability, securitate ; fiabilitate
reliable, fiabil
relief, ajutor ; uşurare
relieve, a uşura
reluctance, reticenţă
rely, a se baza
REM sleep (REMS), somn paradoxal ; somn cu mişcări oculare rapide
remain, a rămâne
remembrance, amintire
remission, remisie
remittent fever, febră persistentă ; febră remitentă
remote, îndepărtat
- **remote control**, telecomandă

removal, suprimare ; îndepărtare ; evacuare
renal, renal
- **renal adenocarcinoma**, nefrocarcinom ; carcinom renal
- **renal calculus**, litiază renală
- **renal colic**, colică renală
- **renal disease**, nefropatie
- **renal failure**, insuficienţă renală
- **renal pelvis**, bazinet renal
- **renal threshold**, prag renal

– **renal tubular acidosis**, acidoză tubulară renală
renin, renină
repair, a repara ; reparare
reparative surgery, chirurgie reparatorie
repeat, a repeta ; repetare
repellent, respingător
replacement, înlocuire ; substituţie
– **replacement therapy**, tratament de substituţie
report, raport ; dare de seamă
reportable disease, maladie care trebuie declarată obligatoriu
reported, declarat
repression, represiune ; represie
reproduction, reproducere
require, a necesita
requirement, nevoie ; exigenţă ; necesitate
rescue, salvare
research, cercetare
researcher, cercetător
resection, rezecţie
resectoscope, rezectoscop
reset, resetare
residual, rezidual
– **residual urine**, reziduu vezical ; urină reziduală
– **residual volume (RV)**, volum rezidual (VR)
residue, reziduu
resilient nystagmus, nistagmus rezilient
resin, rezină
resistance, rezistenţă
resistant rickets, rahitism vitaminorezistent
resolution, rezoluţie
resonance, rezonanţă
resort, resursă
respiration, respiraţie
respirator, respirator
respiratory, respirator
– **respiratory distress syndrome**, sindromul de detresă respiratorie
response, reacţie ; răspuns
responsible, responsabil
responsive, sensibil ; impresionabil
rest, repaus
restate, a reformula
resting potential, potenţial de repaus
restless legs, sindromul picioarelor neliniştite
restlessness, nelinişte ; instabilitate psihomotorie
resume, a relua
resumption of menses, revenirea menstrelor
resuscitation, resuscitare ; reanimare
retain, a reţine ; a menţine
retardation, retard
retarded growth, retard staturoponderal

retching, efort involutar de a voma
rete, reţea
retension, retenţie
reticular, reticulat
reticulocyte, reticulocit
reticulocytosis, reticulocitoză
reticuloendothelial, reticulo-endotelial
reticulosis, reticuloză
reticulum cell sarcoma, reticulosarcom
retina, retină
retinal detachment, despridere de retină
retinitis, retinită
retinoblastoma, retinoblastom
retinopathy, retinopatie
retired, retras
retirement, pensionare ; retragere
retort, replică
retraction, retracţie
retractor, depărtător
retraining, reciclare
retrobulbar optic neuritis, nevrită optică retrobulbară
retroflexed uterus, uter în retroflexie
retrograde, retrograd
retroperitoneal, retroperitoneal
retropharyngeal, retrofaringian
retur, retur
reuptake, recaptare
reversal, răsturnare
reverse, invers ; revers
review, analiză ; sinteză ; revizuire
– **review article**, articol de sinteză
– **review panel**, comisie de revizie
reward, recompensă
rhagade, ragadă
rheumatic, reumatismal
– **rheumatic fever**, reumatism articular acut
– **rheumatic heart disease**, cardiopatie reumatismală
rheumatism, reumatism
rheumatoid arthritis, poliartrită reumatoidă
rhinitis, rinită
rhinoplasty, rinoplastie
rhinorrhea, rinoree
rhinoscopy, rinoscopie
rhizotomy, rizotomie
rhodopsin, rodopsină ; purpură retiniană
rhomboid, romboid
rhonchus, roncus ; ral
rhythm, ritm
rib, coastă
– **rib cage**, cuşca toracică
ribbon, panglică
riboflavin, riboflavină ; vitamina B2
ribonuclease, ribonuclează
ribonucleic acid (RNA), acid ribonucleic (ARN)

ribosomal RNA, ARN ribozomal
rickets, rahitism
rickettsia, ricketsie
rider's bone, osteomul adductorilor
ridge, creastă ; culme
right, drept ; corect
rightly or wrongly, pe bună dreptate sau nu
rigidity, rigiditate
rigor mortis, rigiditate cadaverică
ring, inel
 – **ring finger**, inelar
ringworm, vierme inelat ; dermofitoză ; tenie
ripeness, maturitate
rise, ascensiune
risk, risc
 – **risk benefit ratio**, raportul risc-beneficiu
risus sardonicus, râs sardonic
road, stradă, şosea ; drum
 – **road casualty**, accident pe şosea
 – **road safety**, securitate rutieră
 – **road traffic accident**, accident rutier
rocking, balansare
rod, bastonaş
rodent, rozător
Roentgen, Roentgen
roof, acoperiş ; boltă
room, cameră ; încăpere
root, rădăcină
rope, funie ; frânghie ; coardă
roseola, rujeolă ; pojar
rotation, rotaţie
rotator cuff, coiful rotatorilor
rough, aproximativ ; rugos
roughly, aproximativ
round, rotund ; circular ; repriză
 – **round ligament**, ligamentul rotund
route, cale de administrare
routine, sistematic ; rutină
rub, frecare
 – **rub down**, a fricţiona
rubber, cauciuc
rubefacient, rubefiant
rubella, rubeolă
rude, grosier ; rudimentar
rugine, rugină
rule, regulă
ruling out, excludere ; eliminare
running suture, surjet
rupia, rupia
rupture, hernie ; ruptură

S

sac, sac
saccharin, zaharină
saccoradiculography, saco-radiculografie
sacral, sacral
– **sacral canal**, canal sacral
sacralization, sacralizare
sacrum, sacrum
saddle joint, articulaţie şelară
sadism, sadism
sadness, tristeţe
safe, inofensiv ; sigur
safety, siguranţă ; toleranţă
– **safety data**, date de farmacovigilanţă
– **safety reil**, bară de susţinere
– **safety test**, test de siguranţă
sag foot, picior încovoiat
sagittal, sagital
– **sagittal suture**, sutură sagitală
saline, salin ; soluţie salină
saliva, salivă
salivary gland, glandă salivară
salivation, salivaţie
salpingectomy, salpingectomie
salpinx, salpinge ; tub
salt, sare
saluretic, saluretic
sample, mostră ; exemplar ; prelevare
sampling, luare de probe ; preparare de mostre
sanatorium, sanatoriu
sand, nisip
sandfly fever, febra Pappataci
sane, sănătos mental ; raţional
sanious, sangvinolent
sanitary cordon, centură sanitară
sanitation, sănătate publică
sanity, echilibru mental ; sănătate psihică
saphena, safen
saponify, saponificare
saprophyte, saprofit
sarcoid, sarcoid
sarcoidosis, sarcoidoză
sarcolemma, sarcolemă
sarcoma, sarcom
sartorius muscle, muşchiul sartorius

satiety, saţietate
saturation, saturaţie
saw, ferăstrău
scab, crustă
scabies, scabie
scabietic, scabios
scald, arsură
scalding, clocotit ; fierbinte
scale, scală ; scară
scalp, scalp
scalpel, bisturiu ; scalpel
scan, baleiaj ; scintigrafie
scanning microscope, microscop cu baleiaj
scanty, insuficient ; limitat
scaphocephaly, scafocefalie
scaphoid bone, osul scafoid
scapula, omoplat ; osul scapular
scapulalgie, scapulalgie
scar, cicatrice
scarce, puţin ; redus
scare, a speria
scarf, eşarfă
scarification, scarificaţie
scarlet fever, scarlatină
scarring, cicatrizare
scatter, dispersie
schedule, orar ; program
scheme, schemă ; plan ; proiect
schistocyte, schizocit
schistosomiasis, schistozomiază
schizophrenia, schizofrenie
scholar, universitar
scholarship, bursă de studiu
school, şcoală
sciatica, sciatică ; sciatalgie
science, ştiinţă
scimitar syndrome, sindrom scimitar
scintigraphy, scintigrafie
scintillation, scintilaţie
scirrhus, schir
scissors, foarfece
sclera, sclerotică
scleritis, sclerită
sclerodactylia, sclerodactilie
sclerodermia, sclerodermie
sclerosis, scleroză
sclerotic, sclerotic
sclerotomy, sclerotomie
scolex, scolex
scoliosis, scolioză
scope, întindere ; rază de acţiune
scopophilia, voyeurism
score, cotaţie ; scor
scotoma, scotom
scrape, a rade ; a răzui
scratch, zgârietură
scream, a ţipa
screen, ecran
screening, selectare ; depistare
screw, şurub
 – **screw tap**, burghiu de înfiletat
scrotal, scrotal
 – **scrotal hydrocele**, hidrocel vaginal

scrotum, scrot
scurf, mătreaţă
scurvy, scorbut
scybalum, scibal
sea, mare
seal, sigilare ; parafă
seam, cusătură
search, cercetare ; căutare
seat, scaun ; şezut
sebaceous, sebaceu
 – **sebaceous gland**, glandă sebacee
seborrhea, seboree
secretin, secretină
secretion, secreţie
section, tăietură ; secţiune
secure, sigur
sedative, sedativ
sedimentation rate, viteză de sedimentare
seeding, însămânţare
segmental, segmentar
segmentum apicale, segment apical ; segment Nelson--Fowler
segregation, separare ; segregare
seizure, atac ; criză
 – **seizure like**, epileptiform
selection, selecţie
self-, auto-
self-control, autocontrol ; stăpânire de sine
self-esteem, stimă de sine
self-rating scale, scală de autoevaluare
self-regulation, autoreglare
semen, spermă
 – **semen analysis**, spermogramă
semicircular canal, canalul semicircular
semilente insulin, insulină semilentă
semilunar, semilunar
seminal fluid, spermă
seminiferous tubules, tubi seminiferi
seminoma, seminom
senescence, senescenţă
senile, senil
senility, senilitate
sensation, senzaţie
sense, simţ ; sensibilitate
sensibility, sensibilitate
sensitization, sensibilizare
sensitized, sensibilizat
sensorial, senzorial
sensory nerve, nerv senzitiv
sepsis, infecţie bacteriană ; sepsie
septic, septic
septicemia, septicemie
septum, perete ; sept
sequela, sechelă
sequence, secvenţă ; succesiune
sequential, succesiv
sequestrum, sechestru
serial, serial ; seriat
series, serie
serosity, serozitate

serotherapy, seroterapie
serotonin, serotonină
serous, seros
serpiginous, serpiginos
serrated suture, sutura serrata
serum, ser
sessile, sesil
set, set ; serie ; grup
– **set point**, punct de reper
– **set the budget**, a stabili bugetul
– **set up**, a instala
settlement, acord
severe, grav
sewage, ape menajere ; canalizare
sewer, canal colector
sex, sex
– **sex linked**, legat de sex
– **sex ratio**, procentul de bărbaţi şi de femei dintr-o populaţie
sexual intercorse, raport sexual
sexually transmitted disease (STD), boală cu transmitere sexuală
shadow, umbră ; siluetă
shaft, coadă ; tijă
shake, tremur(at)
shaking, tremur(at)
sham, artificial
shape, formă
share, acţiune bursieră ; a împărţi
shareware, software accesibil cu condiţia achiziţionării unei licenţe
sharp, ascuţit
– **sharp pain**, durere ascuţită
sharpness ascuţime
shearing, retezare
sheath, teacă
shedding, năpârlire
sheet, strat ; cearşaf ; foaie
shelf, raft
shell, cochilie
shellfish, cochilie de scoică
sheltered employment, utilizare protejată
shield, blindaj ; ecran
shift, deplasare ; schimb
– **shift work**, lucru în schimburi
shin, tibie
shingles, zona zoster
shiver, frison ; fior ; tremurat
shock, şoc
shoe, pantof
short, scund ; mic
– **short circuit**, scurtcircuit
– **short term**, (pe) termen scurt
shortening, reducere ; scurtare
shortsighted, miop
shot, şoc ; lovitură ; injecţie
shoulder, umăr ; scapular
– **shoulder blade**, omoplat
shout, strigăt
shrewdness, perspicacitate
shrinkage, retragere ; contracţie

shunt, derivaţie ; şunt
shut, a închide
 – **shut down**, a stinge
shuttle, tub pneumatic
sialadenitis, sialadenită
sialogogue, sialogog
sialolith, sialolit
siblings, frate sau soră
sibship, înrudire
sick, bolnav
sickle-cell anemia, drepanocitoză
sickness, boală
side, latură ; parte
 – **side effect**, efect secundar
siderosis, sideroză
sideways, într-o parte
sigh, oftat ; suspin
sight, vedere
sigmoid, sigmoid
sigmoidoscopy, sigmoidoscopie
sigmoidostomy, sigmoidostomie
sign, semn ; simptom
signal, semnal
signature, semnătură
significant, important ; semnificativ
silent, silenţios
silicosis, silicoză
silly, prost ; netot
silver, argint
simple, simplu
 – **simple protein**, holoproteină
simulation, simulare
simulator, simulator
sinew, tendon
singe, arsură uşoară
singer's node, nodul vocal
single, celibatar ; singur ; unic
 – **single blind test**, test simplu orb
 – **single bond**, legătură simplă
 – **single use**, (de) unică folosinţă
 – **single ventricle**, ventricul unic
sinistrocardia, sinistrocardie ; levocardie
sink, canal de scurgere ; puţ
sinoatrial, sinoatrial
 – **sinoatrial node**, nodulul sinoatrial ; nodulul Keith-Flack
sinus, sinus
 – **sinus arrhythmia**, aritmie sinusală
sinusitis, sinuzită
sinusoid, sinusoidal, sinusoidă
sip, a sorbi
site, loc ; site
sitting, aşezat
size, mărime ; talie
skeleton, schelet
skill, competenţă ; aptitudine
skim milk, lapte degresat
skin, piele
 – **skin lesion**, leziune cutanată

- **skin rush**, erupţie cutanată ; rush cutanat
skinfold, pliu cutanat
skull, craniu
slackening, încetinire
sleep, somn
- **sleep apnea**, apnee de somn
- **sleep treatment**, terapie prin somn ; cură de somn
sleeping pill, somnifer
- **sleeping pill sickness**, boala somnului
sleeplessness, insomnie
sleep-walking, somnambulism
sleeve, mânecă
slice, felie ; bucată
slide, a glisa ; a aluneca ; lamă
sliding filament, filament glisant
slight, slab ; uşor
slimming diet, regim de slăbire
sling, bandaj
slipped disk, hernie de disc
sleepers, papuci de casă
slipping, alunecare
slope, pantă
slow, lent ; încet
- **slow wave sleep**, somn cu unde lente
sludge, noroi ; sediment
sluggish, lent
slurring, articulare proastă sau neclară a unor cuvinte
small, mic
smallpox, variolă
smear, frotiu
smegma, smegmă
smell, miros
smoking, fumat
smooth muscle fiber, fibră musculară netedă
snake, şarpe
snap, plesnitură ; clănţănit ; pocnitură
snapping finger, deget în resort
sneeze, strănut
sniffing, pufnitură
snore, a sforăi
soaked, ud până la piele
soap, săpun
sob, hohot
social worker, asitent social
sock, şosetă
socket, cavitate articulară ; alveolă dentară
sodium chloride, clorură de sodiu
soft, moale
- **soft radiation**, radiaţii slabe
softening, înmuiere ; ramolisment
software, program informatic
soil, sol ; pământ
solar plexus, plexul solar
sole, talpa piciorului
soleus muscle, muşchiul solear
solid, solid

solution, soluţie
solvent, solvent
somatic, somatic
something, ceva
somnambulism, somnambulism
soot, funingine
soothe, a calma
sophisticated, perfecţionat ; sofisticat
soporific, soporific ; somnifer
sore, inflamat ; dureros ; leziune ; plagă
– **sore ear**, otită
– **sore throat**, angină
sorrow, supărare ; tristeţe
soul, suflet
sound, zgomot ; sănătos ; sunet ; sondă
sour, acid ; acru
source, sursă
spa, spa ; izvor mineral
space, spaţiu
span, interval
sparing, econom
spark, scânteie
sparse, rar
spasm, spasm
spasmolytic, spasmolitic
spastic, spastic
spasticity, spasticitate
spatula, spatulă
species, specie
specific, specific
specimen, eşantion ; specimen
spectacles, ochelari
spectrometry, spectrometrie
spectroscope, spectroscop
spectrum, spectru
speculum, speculum
speech, discurs ; vorbire
– **speech center**, centrul vorbirii
– **speech therapist**, logoped
speed, viteză
spell, acces ; criză
sperm, spermă
spermatic cord, cordon spermatic
spermatocele, spermatocel
spermatogenesis, spermatogeneză
spermatozoon, spermatozoid
spermicide, spermicid
sphenoid, sfenoid
sphenoidal sinus, sinus sfenoidal
spherocyte, sferocit
spherocytosis, sferocitoză
sphincterotomy, sfincterotomie
sphygmograph, sfigmograf
sphygmomanometer, sfingomanometru
spica, bandaj spica
spicule, spicul
spider, păianjen
– **spider nevus**, angiom stelat
spike, vârf
– **spike and wave complexes**, complexe vârfuri-unde

spillage, deversare
spina, ţep
spinal, spinal ; rahidian
- **spinal cord**, măduva spinării
- **spinal ganglion**, ganglion spinal
- **spinal muscular atrophy**, amiotrofie spinală
- **spinal nerve**, nerv rahidian
- **spinal reflex**, reflex medular
- **spinal shock**, şoc spinal
spindle, ax ; fus
spine, coloană vertebrală ; rahis
- **spine of vertebra**, apofiza spinoasă
spirograph, spirograf
spirometer, spirometru
spit, a scuipa
splanchnic nerves, nervi splanhnici
spleen, splină
splenectomy, splenectomie
splenic, splenic
splenomegaly, splenomegalie
splicing, îmbinare
splint, atelă ; gutieră
splinter, aşchie ; eschilă
split brain, deconexiune interemisferică
splitting, clivaj ; divizare
spoiled, avariat ; răsfăţat
spondyle, vertebră
spondylitis, spondilită
spondylolisthesis, spondilolisteză
spondylolisis, spondiloliză
sponge, burete
spongiosis, spongioză
sponsor, sponsor
spontaneous, spontan
spoon, lingură
spoonful, lingură plină
sporadic, sporadic
sporotrichosis, sporotricoză
sport, sport
spot, pată
spotted fever, febră eruptivă
sprain, entorsă ; luxaţie
spray, spray ; aerosol ; pulverizare
spread, diseminare ; propagare
spreadsheet, foaie de calcul
spring, resort ; săritură ; primăvară
sprout, burjon
spur, pinten
sputum, spută ; expectoraţie
squama, scoamă ; solz
squamous, scuamos
square, pătrat
- **square root**, rădăcină pătrată
squash, a zdrobi ; a strivi
squat, a se ghemui
squeeze, a comprima
squid, calmar
squint, strabism

squirm, a (se) agita
squirt, a ţâşni
stab wound, lovitură cu armă albă
stabbing pain, durere ca o lovitură de cuţit ; durere lacerantă
stacking, stivuire
staff, personal
stage, etapă ; stadiu
staggering, titubant ; ameţitor
staging, stadializare
stain, colorant
staining, coloraţie
stainless, inoxidabil
staircase, casa scării
stalk, tijă
stamina, vitalitate ; vigoare
stammering, bâlbâială
stance, postură
standard, etalon ; normă ; standard
– **standard deviation**, deviaţie standard
– **standard error**, eroare standard
stand-by mode, stare de veghe ; stand-by
standing, în picioare
stapedectomy, stapedectomie
stapedius muscle, muşchiul stapedius
stapes, scăriţă
staphyloma, stafilom
staphylorrhaphy, stafilorafie
star, stea
starch, amidon
start, debut ; demaraj
startle, a tresări ; a se speria
starvation, inaniţie ; foame
starved, înfometat
stasis, stază
state, stare
statement, afirmaţie
static, static
station, gară
statistics, statistică
stature, statură ; talie
status, stare ; stare de rău ; status
stay, sejur ; a sta
steady, ferm ; solid
– **steady state**, stare de echilibru
steal, furt
steatoma, steatom
steatorrhea, steatoree
steatosis, steatoză
steel, oţel
Steinert's disease, maladia Steinert ; miotonie atrofică
stellate ganglion, ganglion stelat
stem, stem ; suşă
stenosis, stenoză
step, etapă ; mers ; pas
stepbrother, frate vitreg
step-by-step, pas cu pas
stepladder, scară mobilă
stepping reflex, reflexul de mers automat
stepsister, soră vitregă

stercobilin, stercobilină
stercolith, fecalom
stereognosis, stereognozie
sterile, steril
sterility, sterilitate
sterilization, sterilizare
sternal, sternal
steroid, steroid
sterol, sterol
stethoscope, stetoscop
stickiness, adezivitate
stiff, amorţit ; rigid
stiff-neck, redoarea cefei
stiffness, redoare
stigma, stigmat
stillbirth rate, mortinatalitate
stillborn, născut mort
stimulant, stimulant
stimulation, stimulare
stimulus, stimul
sting, înţepătură ; ac
stippled, ascuţit ; punctat
stirrup, etrier ; bridă
stitch, sutură
 – **stitch in one's side**, punct de cotitură
stomach, stomac
 – **stomach pain**, arsură (durere) gastrică
stomatitis, stomatită
stone, calcul ; litiază ; piatră ; 6,35 kg
stool, taburet
stools, scaun ; fecale
storage, depozitare
story, poveste ; etaj
strabismus, strabism
straight, drept
 – **straight leg raising test**, manevra Lassèque
straightaway, imediat
strain, deformare ; efort
strait, îngust ; îngustare
strait-jacket, cămaşă de forţă
strand, şuviţă
strange, străin ; ciudat
strangulation, strangulare
strap, bandaj ; curea ; chingă
stratified, stratificat
stratum, strat
straw, pai
streak, bandă ; striu
stream, curent ; şuvoi
strength, forţă
strengthening, întărire ; ranforsare
stress, opus ; a sublinia ; stres
 – **stress fracture**, fractură de stres
stretch reflex, reflex miotatic
stretcher, brancardier
stretching, întindere
stria, striu ; vergetură
striate body, corp striat
striated muscle fiber, fibră musculară striată
stricture, stenoză ; strictură
stride, pas mare
string, fibră
strip, bandă
stripping, deposedare
stroke, accident vascular cerebral ; atac cerebral

– **stroke volume**, volum de ejecţie
stroma, stromă
strong, puternic
structure, structură
struggle, luptă
stubble, barbă nerasă
study, studiu
stuff, material ; materie
stumble, a se împiedica ; a se poticni
stump, ciot ; colţ de dinte
stun, a şoca ; a ului
stupor, stupoare
stuttering, bâlbâială
sty, orjelet
stylet, stilet
sub-, sub-
subacute, subacut
subarachnoid, subarahnoidian
subclavian, subclavicular
subcrepitant rale, ral subcrepitant
subdural, subdural
– **subdural hemorrhage**, hemoragie subdurală
suberosis, suberoză
subjacent, subiacent
subject, subiect
subjective, subiectiv
subliminal, subliminal
sublingual, sublingual
submaxillary, submaxilar
submission, supunere
submucous, submucos
subnormal, sub normal
subphrenic, subdiafragmatic
subscriber, abonat
subscription, abonament
subsidiary, filială
substance, substanţă
substitute, substitut
substrate, substrat
subtotal, subtotal
subunit, subunitate
success, succes ; reuşită
succussion, sucusiune
sucking, sucţiune
suckling, alăptare
sudamina, sudamină
sudden, subit
– **sudden infant death syndrome**, moartea subită a nou-născutului
suffer, a suferi
suffused, congestiv
sugar, zahăr
sugar-coated pill, drajeu
suggestibility, sugestibilitate
suicide, suicid
suit, costum ; proces
– **suit case**, valiză
sulcus, scizură ; sulcus
sulfonamide, sulfamidă
sulfur, sulf
summary, rezumat
sun, soare
sunburn, arsură solară
sunscreen, ecran solar
sun-tanned, bronzat
superciliary arch, arcada supraciliară

supercilium, sprânceană
superfecundation, superfecundaţie
superior, superior
supination, supinaţie
supine, culcat pe spate ; în supinaţie
supplies, provizii
supply, aport ; aprovizionare
support, a sprijini ; suport ; suport tehnic
suppository, supozitor
suppression, supresie
suppuration, supuraţie
supraorbital, supraorbital
suprapubic, suprapubian
sural, sural
surdose, supradoză
surface, suprafaţă
- **surface active**, tensioactiv

surfactant, surfactant
surgeon, chirurg
surgery, chirurgie
surgical, chirurgical
surname, nume (de familie)
surrogate, surogat
surrounding, înconjurător
survey, anchetă ; examinare
survival, supravieţuire
susceptibility, receptivitate ; sensibilitate ; susceptibilitate
suspension, suspensie
sustained, susţinut
- **sustained release**, eliberare prelungită

suture, sutură
swab, pămătuf ; tampon
swallow, gât
swallowing, deglutiţie
swathe, bandaj
sweat, a transpira ; transpiraţie
sweep, a mătura ; a baleia
sweet, dulce
sweetener, edulcorant
swelling, tumefiere ; tumefacţie
swing, oscilaţie
switch, întrerupător
swollen, umflat
sycosis, sicozis
symbiosis, simbioză
symmetry, simetrie
sympathectomy, simpatectomie
sympathetic nervous system, sistemul nervos simpatic
symphysis, simfiză
symptom, semn ; simptom
- **symptom free interval**, perioadă asimptomatică

symptomatology, simptomatologie
synapse, sinapsă
synarthrosis, sinartroză
synchondrosis, sincondroză
synchronization, sincronizare
syncope, sincopă
syndrome, sindrom
synechia, sinechie
synergy, sinergie

synopsis, rezumat
synovectomy, sinovectomie
synovial fluid, lichid sinovial
synovitis, sinovită
synthetic, sintetic
syphilide, sifilidă
syphilis, sifilis
syringe, seringă
syringomyelia, siringomielie
syrup, sirop
system, aparat ; sistem
systemic, general ; sistemic
systole, sistolă
systolic, sistolic

T

T test, testul T-Student
tabes, tabes
table, masă
tablespoon, lingură de supă
tablet, comprimat ; tabletă
tachycardia, tahicardie
tackle, unealtă ; palan
tactile, tactil
taenia coli, bandeleta longitudinală a colonului
tag, etichetă
tail, coadă
take off, a retrage
talipes, talipes
– **talipes calcaneus**, talipes calcaneus
– **talipes equinus**, talipes equinus
talk, dezbatere ; a vorbi
talkative, vorbăreţ
tall, înalt
talus, osul astragal ; talus
tampon, tampon
tamponade, tamponadă
tangible, palpabil
tank, rezervor
tantrum, furie
tap, împunsătură ; robinet
tape, bandă ; înregistrare
– **tape measure**, ruletă
tapeworm, cestodă ; tenie
tapping, pocnitură ; tapotare
target, obiectiv ; ţintă
– **target cell**, celulă-ţintă
tarsal, tarsian
tarsalgia, tarsalgie
tarsectomy, tarsectomie
tarsoplasty, tarsoplastie
tarsorrhaphy, tarsorafie
tarsus, tars
tartar, tartru
task, misiune ; sarcină
taste, gust ; savoare
– **taste bud**, papilă gustativă
taurocholic acid, acid taurocolic
taxinomy, taxinomie
teaching, învăţare
team, echipă
tear, a rupe ; lacrimă
teaspoon, linguriţă
teat, mamelon
technique, tehnică
tectum, acoperiş ; înveliş

– **tectum mesencephali**, coliculii cvadrigemeni
teenage, adolescenţă
teeth, dinţi
tegument, tegument
tela, pânză
telangiectasis, telangiectazie
telemetry, telemetrie
telepathy, telepatie
telltale, sugestiv
temper, caracter ; dispoziţie
temperament, temperament
temperature, temperatură
temple, tâmplă ; templu
temporal, temporal
temporomandibular joint, articulaţie temporomandibulară
tender, sensibil
tendinitis, tendinită
tendon, tendon
– **tendon reflex**, reflex tendinos
tenesmus, tenesmă
tennis elbow, epicondilită ; cotul tenismanului
tenoplasty, tenoplastie
tenorrhaphy, tenorafie
tenosynovitis, tenosinovită
tenotomy, tenotomie
tensioactive, tensioactiv
tension, tensiune
tensor, tensor
tent, cort
tentative, tentativă ; provizoriu
tenuous, mic ; subţire
tepid, călduţ
teratogen, teratogen
teratoma, teratom
terebrant, terebrant
terminally ill patient, pacient în fază terminală
terminology, terminologie
tertian fever, febră terţă
tertiary, terţiar
test, experiment ; încercare ; examinare ; test
– **test glass**, eprubetă
– **test meal**, dietă standard
– **test strip**, bandă-test
– **test tube**, eprubetă
– **test tube baby**, copil conceput in vitro
testicle, testicul
testing, bilanţ
testis, testicul
testosterone, testosteron
tetanization, tetanizare
tetanus, tetanos
tetany, tetanie
tetracycline, tetraciclină
tetradactylous, tetradactil
tetraplegia, tetraplegie
thalamus, talamus
thalassemia, talasemie
thalassotherapy, talasoterapie
thalidomide, talidomidă
thaw, dezgheţ
theca, teacă
thecoma, tecom
thenar eminence, eminenţa tenară
theory, teorie
therapeutic, terapeutic

– **therapeutic safety margin**, marjă de securitate terapeutică
therapeutics, terapeutică
therapy, terapie ; tratament
thermography, termografie
thermolabile, termolabil
thermometer, termometru
thermophilic, termofil
thermostat, termostat
thiamine, tiamină
thick filament, fir gros
thickness, grosime
thigh, regiune femurală ; coapsă
thigh bone, femur
thin, subţire ; slab
think, a gândi ; a reflecta
thinness, slăbiciune
third, al treilea
thirst, sete
thoracic, toracic
thoracocentesis, toracocenteză
thoracoplasty, toracoplastie
thoracotomy, toracotomie
thorough, aprofundat ; amănunţit
thoroughly, complet
though, cu toate că ; deşi
thread, aţă ; fir ; filament
threadworm, nematod
threat, ameninţare
– **threat reflex**, reflex de clipire
threonine, treonină
threshold, prag
thrifty, econom
thrill, fior ; senzaţie
throat, gât
throbbing, pulsatil
thrombectomy, trombectomie
thrombin, trombină
thromboangiitis, tromboangeită
thromboartheritis, tromboarterită
thrombocyte, trombocit
thrombocytopenia, trombocitopenie ; trombopenie
thrombokinase, trombochinază
thrombolytic, trombolitic
thrombopenia, trombocitopenie ; trombopenie
thrombophlebitis, tromboflebită
thromboplastin, tromboplastină
thrombosis, tromboză
through fare channel, canal de comunicare
throughout, în toate privinţele ; în cursul
thrush, muguet
thumb, degetul mare
thymectomy, timectomie
thymine, timină
thymocyte, timocit
thymoma, timom
thymus, timus
thyroglossal cyst, chist tireoglos
thyroid, tiroidă ; tiroidian

– **thyroid stimulating hormone (TSH)**, hormonul tireotrop ; tirostimulină
thyroidectomy, tiroidectomie
thyrotoxicosis, tireotoxicoză
thyrotrophin hormone (TSH), hormonul tireotrop (TSH) ; tirostimulină
thyroxine, tiroxină
tibia, tibie
tic, tic
tick, căpuşă
– **tick bite**, muşcătură de căpuşă
tickle, gâdilire
tidal volume, volum curent
tidy, ordonat
tie, legătură
tight, etanş ; strâns
– **tight junction**, joncţiune intercelulară strânsă, ce limitează circulaţia moleculelor
time, timp
– **time course**, evoluţie
– **time lag**, decalaj
timetable, calendar ; orar
timing, cronometrare
tincture, tinctură
tinea, tricofiţie
tingling, furnicături ; înţepături
tinnitus, acufenă ; tinitus
tiny, minuscul
tip, extremitate ; vârf
tired, obosit
tiredness, oboseală
tissue, ţesut
titration, titrare
titre, titru
to and fro, încoace şi încolo
tocography, tocografie
tocopherol, tocoferol
toe, deget (de la picior)
together, împreună
tolerance, toleranţă
tomography, tomografie
tone, ton ; tonus
tongs, cleşti
tongue, limbă
– **tongue depressor**, apăsător de limbă
tonic, tonic
tonometer, tonometru
tonsil, amigdală
tonsillectomy, tonsilectomie ; amigdalectomie
tonsillitis, amigdalită ; tonsilită
tool, unealtă ; mijloc
tooth, dinte
toothless, edentat
toothpick, scobitoare
top of the line, vârf de gamă
topic, subiect ; temă
topical, topic
topography, topografie
torn, sfâşiat ; rupt
torpor, somnolenţă ; apatie ; torpoare
torsion, torsiune
– **torsion spasm**, spasm de torsiune

torso, tors
torticollis, torticolis
touch, atingere ; tact ; a atinge
tough, dur ; solid
tourniquet, bandaj (garou) de compresiune ; turnichet
toxemia, toxemie
toxic, toxic
toxicology, toxicologie
toxicomania, toxicomanie ; dependenţă
toxicosis, toxicoză
toxin, toxină
toxoid, anatoxină
toxoplasmosis, toxoplasmoză
trabecule, trabecul
trabeculotomy, trabeculotomie
trace element, oligoelement
tracer, trasor ; desenator
trachea, trahee
tracheitis, traheită
trachelorrhaphy, traheorafie
tracheobronchitis, traheobronşită
tracheostomy, traheostomie
tracheotomy, traheotomie
trachoma, trahom
track, pistă
tract, tract ; traiect ; legătură ; cale
traction, tracţiune
tragus, tragus
train, a (se) antrena
training, antrenament ; formare
trait, caracteristică ; trăsătură
trance, transă ; hipnoză
tranquilizer, tranchilizant
transabdominal, transabdominal
transaminase, transaminază
transdermal, transdermic ; per cutan
transference, transfer
transfusion, transfuzie
transpire, a se infiltra ; a se adeveri
transplant, transplant
transplantation, transplantare
transposition, traspoziţie
transudation, transsudaţie
transverse, transversal ; transvers
transvestism, travestism
trap, cursă ; capcană
trapezium, trapez
trapezius, trapez
trapezoid, trapezoid
trapping, prindere (în cursă) ; retenţie
trauma, traumă ; traumatism
travel, deplasare ; călătorie
tray, platou ; tavă
treadmill, bandă rulantă
– **treadmill working**, test de efort pe banda rulantă
treatment, tratament
– **treatment failure**, eşec terapeutic
– **treatment regimen**, protocol terapeutic

– **treatment schedule**, protocol terapeutic
– **treatment withdrawal**, întreruperea tratamentului
trematoda, trematod
tremor, tremor ; tremurat
trend, tendinţă
trephining, trepanare
trespass, a încălca legea ; contravenţie ; delict
trial, lucrare ; încercare
triceps, triceps
– **triceps reflex**, reflex tricipital
trichiasis, trichiază
trichinosis, trichinoză
trichophytosis, tricofiţie
trick knee, genunchi instabil
tricuspid valve, valva tricuspidă
trigeminal, trigeminal
– **trigeminal nerve**, nervul trigemen
– **trigeminal neuralgia**, nevralgie trigeminală
trigger, declanşator
triggering, declanşator
trigone, triunghi ; trigon
trip, călătorie ; voiaj
triplegia, triplegie
triplets, tripleţi
triploid, triploid
trismus, trismus
trisomy, trisomie
trivial, banal ; trivial
trocar, trocar
trochanter, trohanter
trochlea, trohlee
trochlear, trohlear
– **trochlear nerve**, nervul trohlear (patetic)
troncus, trunchi
trophic, trofic
trophoblast, trofoblast
trouble, dificultate ; tulburare
troublesome, jenant ; supărător
true, adevărat ; just
truncal, troncular
trunk, trunchi
truss, bandaj suspensor
trust, încredere ; speranţă
truth, adevăr
try, încercare
trypanosomiasis, tripanosomiază
trypsin, tripsină
trypsinogen, tripsinogen
tryptophan, triptofan
tsetse fly, musca ţeţe
tubal, tubar
tube, sondă ; trompă ; tub
tubercule, nodul ; tubercul
tuberculids, tuberculide
tuberculin, tuberculină
tuberculoma, tuberculom
tuberculosis, tuberculoză
tuberculous, tuberculos
tuberculum, tubercul
tuberosity, tuberozitate
tuberous sclerosis, scleroză tuberoasă

tubo-ovarian, trompo-ovarian
tubular, tubular
tubule, tubul
tuft, tufă
tularemia, tularemie
tumefaction, tumefiere
tumor, tumoră
tunica, tunică
tuning fork, diapazon
tunnel, canal ; tunel
turbinate bones, osul turbinat ; cornetele foselor nazale
turbinectomy, turbinectomie
turgid, tumefiat ; turgescent
turgor, turgescenţă
turn off, a stinge ; a opri
turnover, reîntoarcere ; turnover
tweezers, pensetă
twice, de două ori
twinge, junghi
twins, gemeni
twisting spike, vârf răsucit
twitch, secusă musculară
twitching, convulsie ; spasm
tympanic, timpanic
tympanitis, timpanită
tympanoplasty, timpanoplastie
tympanum, timpan
type, gen ; tip
thyphoid fever, febră tifoidă
typhus fever, tifos
typing, grupare ; dactilografiere
tyrosine, tirozină

U

ulcer, ulcer
ulcerative, ulcerant ; ulcerativ
– **ulcerative colitis**, rectocolită ulcerohemoragică
ulna, cubitus
ultrasonography, ecografie ; ultrasonografie
ultrasound, ultrasunet
ultraviolet rays, radiaţii ultraviolete
umbilical, ombilical
umbilicated, ombilicat
umbilicus, ombilic
unavoidable, inevitabil
unbalance, dezechilibru
unbearable, insuportabil
unciform, unciform
uncinariasis, anchilostomiază
uncinate bone, osul hamat ; osul uncinat
unclear, neclar ; obscur
unconsciousness, inconştienţă
under-, sub-
underline, a sublinia
underlying, subiacent
undershoot, hiperpolarizare
understanding, înţelegere
undertake, a întreprinde ; a experimenta
undertaker, antreprenor de pompe funebre
underwear, lenjerie de corp
underweight, hipotrofie
undo, a anula
undress, a dezbrăca
undrinkable, nepotabil
undulant, ondulant
uneven, inegal ; impar
uneventfully, fără probleme
unexpected, neaşteptat
unfit, impropriu ; inapt
unfitness, incapacitate
unfold, a desface
unfortunate, regretabil ; ghinionist
unguent, unguent
unguis, unghie
unicellular, unicelular
unilateral, unilateral
union, unire ; îmbinare
uniovular, uniovular
uniparous, unipar
unit, aparat ; centru ; unitate
unknown, necunoscut

unlikely, neverosimil ; puţin probabil
unloading, descărcare
unreliable, puţin fiabil ; neserios ; care nu inspiră încredere
unsaid, nespus
unstable, instabil ; schimbător
unsteady, instabil
update, actualizare
upper, superior
– **upper airways resistance syndrome**, sindromul de creştere a rezistenţei căilor aeriene superioare
– **upper limb**, membru superior
– **upper respiratory tract**, căile respiratorii superioare
upright, poziţia în picioare
upset, răsturnare ; agitat
uptake, asimilare ; captare
urate, urat
urea, uree
uremia, uremie
ureter, ureter
ureteral, ureteral ; ureteric
ureterectomy, ureterectomie
ureteric, ureteric ; ureteral
ureteritis, ureterită
ureterocele, ureterocel
ureterolith, ureterolit
ureterolithotomy, ureterolitotomie
ureterovaginal, ureterovaginal
ureterovesical, ureterovezical
urethra, uretră
urethral, uretral
urethritis, uretrită
urethrocele, uretrocel
urethrography, uretrografie
urethroplasty, uretroplastie
urethroscope, uretroscop
urethrotomy, uretrotomie
urge, a îndemna ; a impulsiona
urgency, imperios ; urgent
uric, uric
urinalysis, analiză urinară
urinary, urinar
– **urinary bladder**, vezică urinară
– **urinary casts**, cilindri urinari
– **urinary sediments**, sediment urinar
– **urinary tract**, căi urinare
urination, micţiune
urine, urină
– **urine output**, diureză
uriniferous, urinifer
urinometer, urinometru
urobilin, urobilină
urobilinogen, urobilinogen
urochrome, urocrom
urogenital, urogenital ; genitourinar
urography, urografie
urolith, calcul urinar ; urolit
urologist, urolog
urology, urologie
urticaria, urticarie
use, utilizare ; uz
used, obişnuit ; utilizat

useful, util
user, utilizator
usual, uzual
uterine, uterin
uterovesical, uterovezical
uterus, uter
utricle, utricul
uveal tract, tract uveal ; uvee
uveitis, uveită
uvula, luetă ; uvula
uvulectomy, uvulectomie
uvulitis, uranită ; uvulită

V

vacancy, lacună ; post vacant
vacant, liber
vacation, vacanţă ; concediu
vaccination, vaccinare
vaccine, vaccin
vaccinia, variolă
vacuole, vacuolă
vagal, vagal
vagina, vagin
vaginal, vaginal
vaginismus, vaginism
vaginitis, vaginită
vagitus, scâncet (al nou-născutului)
vagotomy, vagotomie
vagus nerve, nerv vag ; nerv pneumogastric
valgus, valgus
valid, valabil
valine, valină
Valsalva's experiment, manevra Valsalva
valuable, preţios
value, importanţă ; valoare
valve, valvă
valvula, valvulă
valvulotomy, valvulotomie
vanishing lung, distrofie pulmonară progresivă
variable, variabil ; inconstant
variation, variaţie
varicella, varicelă
varicocele, varicocel
varicose, varicos
variola, variolă
varix, varice
varus, varus
vas, canal ; vas
vascular, vascular
vasculitis, vasculită
vasectomy, vasectomie
vasoconstriction, vasoconstricţie
vasodilatation, vasodilataţie
vasomotor, vasomotor
vasopressin, vasopresină ; hormon antidiuretic
– **vasopressin test**, testul la vasopresină
vasospasm, vasospasm
vasovagal, vasovagal
vault, boltă
vector, vector
– **vector borne**, transmis prin vector

vegetable, legumă
vegetation, vegetaţie
veil, văl
vein, venă
velocimetry, velocimetrie
velocity, viteză
velum, văl
vena, venă
venereal disease, boală venerică
venography, flebografie ; venografie
venom, otravă ; venin
venous, venos
ventilation, ventilaţie
ventral, anterior ; ventral
– **ventral decubitus**, decubit ventral
ventricle, ventricul
ventricular sept defect, comunicare interventriculară ; defect septal ventricular
ventriculography, ventriculografie
venula, venulă
vermifuge, vermifug
verminous, infestat ; dăunător
verruca, verucă
version, versie ; versiune
vertebra, vertebră
vertebrobasilar inssuficiency, insuficienţă vertebrobazilară
vertex, vertex
vertigo, vertij
vesica, vezică
vesical, vezical
vesicant, vezicant
vesicle, veziculă
vesicovaginal, vezicovaginal
vesiculitis, veziculită
vessel, vas
vestibular, vestibular
vestibule, vestibul
vestigial, vestigial
viable, viabil
vial, flacon ; recipient ; tub
vibration, vibraţie
vicarious, delegat ; mandatar
view, perspectivă ; privire
vigilance, vigilenţă
villous, vilos
villus, vilozitate
virilization, masculinizare, virilizare
virology, virusologie
virulence, virulenţă
virus, virus
viscera, viscer
viscometer, viscozimetru
viscous, vâscos
viscus, viscer
vision, viziune ; vedere
visual, vizual
vital capacity (VC), capacitate vitală (CV)
vitamin, vitamină
– **vitamin resistant rickets**, rahitism vitaminorezistent
vitelline, vitelin
vitreous, corp vitros ; vitros
vividness, precizie, claritate

vivisection, vivisecţie
vocal, vocal
vocational, profesional
voice, voce
voiceless, afon
void, vid
voiding cystography, cistografie micţională
volatile, volatil
volition, act de voinţă ; voliţiune
volt, volt
voltage, voltaj
– **voltage clamp**, voltaj impus
volume, volum
volunteer, voluntar ; benevol
volvulus, volvulus
vomer, vomer
vomiting, vomisment
voyeurism, voyeurism
vulva, vulvă
vulval cleft, fantă vulvară
vulvectomy, vulvectomie
vulvitis, vulvită
vulvovaginitis, vulvovaginită

W

wad, tampon
waddling gait, mers clătinat
wage, salariu ; plată săptămânală
waist, centură ; talie
waiting, aşteptare
wakefulness, vigilenţă ; veghe
waking, trezire ; veghe
walk, mers
walker, persoană care merge pe jos ; cadru
walking, ambulant
– **walking cast**, cizmă
– **walking frame**, cadru pentru mers
– **walking stick**, baston
wall, perete
wandering, rătăcitor ; pribeag
waning, descrescător
ward, secţie ; pavilion de spital
wares, articole ; mărfuri
warm, cald
warm-up, încălzire
warning, avertisment
– **warning signal**, semnal de alarmă
warrant, justificare
wart, neg ; verucă
wash out, a clăti
washing, spălare
washout period, perioadă fără tratament
wasp, viespe
wastage, pierdere
waste, deşeu
waisting, emaciere ;
watchful, vigilent
water, apă
wave, undă
– **wave burst arrhythmia**, tulburări de ritm cardiac ; „torsade de pointes”
wavelength, lungime de undă
wax, ceară
way, mijloc ; cale
weak, slab ; neputincios
weakness, debilitate ; slăbiciune
weaning, sevraj
wear, a purta
web, pânză ; membrană palmară
wedge, pană

week, săptămână
weekly, săptămânal
weepy, plângăcios
wee-wee, pipi
weight, greutate
welfare, bunăstare
well fed, bine hrănit
wen, lupă
wet, umed ; ud
wetable, umezit
wetting, umed
wheal, papulă edematoasă
wheel chair, scaun cu rotile
wheeze, şuierătură ; fluierătură respiratorie
where relevant, dacă e necesar
whine, scâncet ; geamăt
whiplash injury, traumatism provocat de hiperextensia gâtului în urma accelerării sau frânării bruşte a unui vehicul
whipworm, tricocefal
whirl, a învârti
whisper, zgomot respirator ; şoaptă
whistle, fluierătură
white, alb
 – **white matter**, substanţa albă
 – **white paper**, carte albă
whitlow, panariţiu
WHO (World Health Organization), OMS (Organizaţia Mondială a Sănătăţii)
whole, complet ; tot
 – **whole milk**, lapte integral
wholesaler, angrosist
whooping cough, tuse convulsivă
wick, tampon
wide, larg
widening, lărgire
widespread, răspândit
width, lăţime
wild, sălbatic
will, voinţă ; testament
wind, a răsuci ; a înfileta
window, fereastră
windpipe, trahee
wing, aripă
winking, clipire
wire, fir metalic ; sârmă
wiring, cablaj
wisdom tooth, molar de minte
wise, înţelept
wish, dorinţă ; urare
withdrawal, retragere ; sevraj
withdrawn, repliat ; retras
within, la interior ; în
within-group comparation, comparaţie intragrup
withhold, a se abţine
witness, martor
womb, uter
wooden, de lemn
 – **wooden belly**, abdomen de lemn
wooly hair, lanugo
word, cuvânt
 – **word processing**, procesarea textului
work, lucru ; muncă

worker, muncitor
workload, catitate de muncă
worksheet, formular
workshop, atelier
World Health Organisation (WHO), Organizaţia Mondială a Sănătăţii (OMS)
worm, vierme
worn out, uzat
worry, îngrijorare ; preocupare
worsen, a (se) agrava
worsening, agravare
wound, leziune ; plagă
– **wound care**, îngrijirea plăgii
wounded, rănit
wrapper, ambalaj ; înveliş
wrench, entorsă ; luxaţie
wrinkled, ridat
wrist, încheietura mâinii
writers' cramp, crampa scriitorului
wrong, greşeală
wryneck, torticolis

X

X chromosome, cromozom X
– **X chromosome linked**, cromozom legat de sex
xanthine, xantină
xanthochromia, xantocromie
xanthoma, xantom
xerodermia, xerodermie
xerophthalmia, xeroftalmie
xeroradiography, xeroradiografie
xerostomia, xerostomie
xiphoid process, apendice xifoid
X-rays, radiografie ; raze X ; radiaţii X
XYY genotype, sindrom dublu Y

Y

Y chromosome, cromozom Y
yard, yard (0,914 m)
yawn, a căsca
yaws, framboesia ; pian
year, an
yearbook, anuar
yearly, anual
yearning, aspiraţie
yeast, levură ; ferment ; drojdie
yell, a urla
yellow, galben
– **yellow fever**, febră galbenă
yet, cu toate acestea ; însă
yield, producere ; randament
yolk, gălbenuş de ou ; miez
– **yolk sac**, vezicula ombilicală
young, tânăr
youth, tinereţe

Z

Z band, banda Z
– **Z band flap**, lambou în Z
zeiosis, zeioză
zero, zero
zinc, zinc
zit, buton ; nasture
zona, zona zoster
zone, zonă
zonule, zonulă
zoology, zoologie
zoonosis, zoonoză
zoopsia, zoopsie
zoosperm, spermatozoid
zona, zona zoster
zygomatic bone, os zigomatic (malar)
zygote, zigot
zymogen, proenzimă ; zimogen
zymotic, zimotic

Dicţionar român-englez

A

abandon, abadon
abandonat, abandoned
abarticular, abarticular
abces, abscess
- **abces gingival**, gumboil

abdomen, abdomen
- **abdomen de lemn**, wooden belly

abducţie, abduction
abductor, abducent
aberant, aberrant
abilitate, ability
ablaţie, ablation ; removal
abonament, subscription
abonat, subscriber
abord, access
a abraza, to abrade
absent, missing
absenţă, lack
absolut, absolute
absolvent, graduate
a se abţine, to withhold
abundent, abundant
abuz, abuse
ac, needle
acalazie, achalasia
acalculie, acalculia
acalmie, lull
acantom, acanthoma
acantoză, acanthosis
acapnie, acapnia
acarian, acarus, mite
acariază, acarinosis
acaricid, acaricide
acarioză, acariasis
acatalazie, acatalasia
acatizie, akatisia
a accelera, to boost
accent, emphasis
a accepta, to accept
acceptor, acceptor
acces, fit
- **acces de plâns**, crying fit
- **acces de tuse**, coughing fit

accesoriu, accessory
accident, accident
- **accident mortal**, fatality
- **accident vascular cerebral**, cerebrovascular accident ; stroke

acefal, acephalous
acetabular, acetabular
acetaminofen, acetaminophen
acetilcolină, acetylcholine

acetonemie, acetonemia
acetonurie, acetonuria
achilie, achylia
achiziţie, purchase
acid, acid
– **acid aminat**, amino acid
– **acid ascorbic**, ascorbic acid
– **acid clorhidric**, hydrochloric acid
– **acid dezoxiribonucleic (ADN)**, deoxyribonucleic acid (DNA)
– **acid diacetic**, diacetic acid
– **acid fitic**, phytic acid
– **acid folic**, folic acid
– **acid gras**, fatty acid
– **acid gras liber**, free fatty acid
– **acid linoleic**, linoleic acid
– **acid nicotinic**, nicotinic acid
– **acid nucleic**, nucleic acid
– **acid paraaminobenzoic**, para-aminobenzoic acid (PABA)
– **acid paraaminohipuric**, para-aminohippuric acid (PAH)
– **acid ribonucleic (ARN)**, ribonucleic acid (RNA)
– **acid taurocolic**, taurocholic acid
acidemie, acidemia
aciditate, acidity ; acor
acidorezistent, acid-fast
acidoză, acidosis
acinită, acinitis
aclimatizare, acclimatation
aclorhidrie, achlorhydria
acnee, acne
– **acnee rozacee**, acne rosacea
acolie, acholia
acomodare, accomodation
acondroplazie, achondroplasia
acoperiş, roof
acord, settlement
acoree, acorea
acorie, acorea
acrocefalie, acorcephaly
acrocianoză, acrocyanosis
acrodermatită, acrodermatitis
acrodinie, acrodynia ; pink disease
acrokeratoză, acrokeratosis
acromatopsie, achromatopsia
acromegalie, acromegaly
acromioclavicular, acromioclavicular
acropatie, acropathy
acru, sour
act de voinţă, volition
act lipsă, parapraxis
actină, actin
acţiune, action
– **acţiune imediată**, immediate-acting
– **acţiune prelungită**, lasting effect ; long-action
– **acţiune rapidă**, fast-acting

– **acţiune retard**, lasting effect ; long-action
activator, activator
activitate, activity
actomiozină, actomyosin
actual, current
actualizare, update
acufenă, tinnitus
acuitate, acuity ; acuteness
acumulare, accumulant
acupunctură, acupuncture
acustic, acoustic
acustică, acoustics
acut, acute
acuzat, culprit
adactilie, adactylia
adaptare, adaptation
– **adaptare la întuneric**, dark adaptation
– **adaptare la lumină**, light adaptation
a adăuga, to add
Addison (boala), bronzed disease
adducţie, adduction
adecvat, adequate
adenectomie, adenectomy
adenită, adenitis
adenocarcinom, adenocarcinoma
adenofibrom, adenofibroma ; fibroadenoma
adenogramă, lymph node differential cell count
adenohipofiză, adenohipophysis
adenoid, adenoid
adenoidectomie, adenoidectomy
adenoidită, adenoiditis
adenolimfom, adenolymphoma
adenolipom, adenolipoma
adenom, adenoma
– **adenom chistic**, cystadenoma
– **adenom cromofob**, chromophobe adenoma
adenomatoză, adenomatosis
adenomiom, adenomyoma
adenomioză, adenomyosis
adenopatie, adenopathy
adenotonsilectomie, adenotonsillectomy
adenovirus, adenovirus
adenozin, adenosine
– **adenozin difosfat (ADP)**, adenosine diphosphate (ADP)
– **adenozin monofosfat (AMP)**, adenosine monophosphate (AMP)
– **adenozin trifosfat (ATP)**, adenosine triphosphate (ATP)
a adera, to cling
aderenţă, adherence ; adhesion
adevăr, truth
adevărat, true
adeziune, membership
adezivitate, stickiness
adipocit, lipocyte
adipos, adipose

adipozitate, fatness
aditus, aditus
adjuvant, adjuvant
admitere, entrance
ADN, DNA
adolescenţă, teenage
adormit, asleep
adrenalină, adrenaline
adrenergic, adrenergic
adrenolitic, adrenolytic
adresă, address
a aduce, to bring
adult, adult ; grown up
a aduna, to gather
adunare, meeting
adventice, adventitia
aer, air
aerob, aerobe
aerocel, aerocele
aerodontalgie, aerodontalgia
aeroembolism, air embolism
aerofagie, aerophagy
afachie, aphakie
afagie, aphagia ; aglutition
afazie, aphasia
afebril, afebrile
afectat, affected
afect, affect
afecţiune, disease
 – **afecţiune demielinizantă**, demyelinating disease
aferent, afferent
afibrinogenemie, afibrinogenemia
afidă, aphid
afinitate, affinity
afirmaţie, statement
afişaj, readout
aflatoxină, aflatoxin
afon, voiceless
afonie, aphonia
afrodisiac, aphrodisiac
aftă, aphtha
agalactie, agalactia
agamaglobulinemie, agammaglobulinemia
agar, agar
agenezie, agenesis
agent, agent
 – **agent alkilant**, alkylating agent
 – **agent chelator**, kelating agent
agenţie, agency
a se agita, to fidget
agitaţie, excitement
aglomeraţie, crowding
aglutinare, clumping
aglutinină, agglutinin
aglutinogen, agglutinogen
agnaţie, agnatia
agnozie, agnosia
agonie, agony
agonist, agonist
agorafobie, agoraphobia
agrafă, clip
agrafie, agraphia
agranulocitoză, agranulocytosis
a (se) agrava, to worsen
agravare, worsening
agregat, aggregate

agresiune, aggression
agresiv, harsh
ajutor, help
akinezie, acinesia
alamă, brass
alantoid, allantois
alăptare, suckling
alb, white
albastru, blue
albinism, albinism
albinos, albino
albumină, albumin
albuminurie, albuminuria
alcalin, alkali ; alkaline
alcalinitate, alkalinity
alcalinurie, alkalinuria
alcaloid, alkaloid
alcaloză, alkalosis
alcaptonurie, alkaptonuria
alcool, alcohol
alcoolic, alcoholic
alcoolism, alcoholism
aldehidă, aldehyde
aldosteron, aldosterone
aldosteronism, aldosteronism
aleatoriu, random
a alege, to choose
alegere, choice
alele, allele
alelomorfă (genă), allelomorph
alergen, allergen
alergie, allergy
alexie, alexia
alfa, alpha
alfachimotripsină, alphachymotrypsin
alfafetoproteină (APF), alphafetoprotein (AFP)
algă, alga
algezie, algesia
algie, pain
algogen, algogenic
algoritm, algorithm
aliaj, alloy
alienare mintală, alienation
alienat, lunatic ; insane
alifie, liniment
alimentar, dietary
alimentare parenterală, enteral feeding
alimentaţie, alimentation
aliniere, alignment
aloanticorp, alloantibody
aloantigen, alloantigen
aloestezie, allocheiria
alogrefă, allograft ; homograft
alopatie, allopathy
alopecic, bald
alopecie, alopecia ; baldness
aloplastie, alloplasthy
alterare, damage
alterat, impaired
alunecare, slipping
alungire, lengthtening
alungit, lengthy
alveolă, alveolus
– **alveolă pulmonară**, air cell
alveolar, alveolar
alveolită, alveolitis
Alzheimer (boala), Alzheimer's disease

amalgam, amalgam
amar, bitter
amastie, amastia
amauroză, amaurosis
amărăciune, grief
a amâna, to postpone
amânare, postponement
ambalaj, packaging
ambiant, ambient
ambidextru, ambidextrous
ambivalenţă, ambivalence
ambliopie, amblyopia
ambulant, ambulant
ambulator, ambulatory
amelie, amelia
ameliorare, improvement
amendă, fine
ameninţare, threat
amenoree, amenorrhea
amestec, blend ; mixture
amestecat, mixed
ameţeală, giddiness
ametrie, ametria
ametropie, ametropia
amfoter, amphoteric
amiază, noon ; midday
amibă, ameba
amibiază, amebiasis
amidon, starch
amigdală, amygdala ; tonsil
amigdalită, tonsillitis
amilază, amylase
– **amilază salivară**, ptyalin
amiloidoză, amyloidosis
amină, amine
– **amine presoare**, pressor amines
aminoacidurie, aminoaciduria
amintire, remembrance
amiotonie, amyotonia
amiotrofie, amyotrophy
– **amiotrofie spinală**, spinal muscular atrophy
amitoză, amitosis
amnezie, amnesia
– **amnezie anterogradă**, ecmnesia
amniocenteză, amniocentesis
amniografie, amniography
amnios, amnion
amoebicid, amebicide
amoebom, ameboma
amoniac, ammonia
amorf, amorphus
amortizare, damping
amorţeală, numbness
amorţit, numb
amper, ampere
amplificare, enlargement
amplificator, amplifier
– **amplificator de strălucire**, brillancy amplifier
amprentă digitală, fingerprint
ampulă, ampulla
– **ampula cili**, chyli ampulla
ampulă (veziculă), blister
amputaţie ortopedică, kineplasty
an, year
anabolism, anabolism
anacrotism, anacrotic
anaerob, anaerobe

anafază, anaphase
anafilaxie, anaphylaxis
anaforeză, anaphoresis
analbuminemie, analbuminemia
analeptic, analeptic
analfabetism, illiteracy
analgezic, analgesic
analgezie, analgesia
analiză, analysis
– **analiză urinară**, urine analysis
– **analiză factorială**, multiple factor analysis
analog, analogous
anamneză, anamnesis
anaplazie, anaplasia
anastomoză, anastomosis
anatomic, anatomical
anatomie, anatomy
anatomopatologic, pathological
anatomopatologie, pathology
anatoxină, toxoid
anchetă, inquest
anchiloblefaron, ankyloblepharon
anchiloglosie, ankyloglossia
anchilostomă, hookworm
anchilostomiază, ancylostomiasis ; miner's anemia ; uncinariasis
anchiloză, ankylosis
ancoraj, pegging
androgen, androgen
androsteron, androsterone
anemie, anemia
– **anemie aplazică**, aplastic anemia
– **anemie feriprivă**, iron-deficiency anemia
– **anemie hemolitică**, hemolytic anemia
anencefalie, anencephaly
aneroid, aneroid
anestezic, anesthetic
anestezie, anesthesia
– **anestezie epidurală**, epidural analgesia
anestezist, anesthesist
anevrism, aneurysm
– **anevrism arteriovenos**, arteriovenous aneurysm
– **anevrism disecant**, dissection aneurysm
anexe, adnexa
angeită, angiitis
angiectazie, angiectasis
angină, angina
– **angină de efort**, effort angina
– **angină flegmonoasă**, quinsy
– **angină herpetică**, herpangina
– **angină pectorală**, angina pectoris ; angor
angiocardiografie, angiocardiography
angiocardiogramă, angiocardiogram
angiocolită, cholangitis

angiografie, angiography
angiogramă, angiogram
angiom, angioma
angiomatoză, angiomatosis
angioneurotic, angioneurotic
angioplastie, angioplasty
angiosarcom, angiosarcoma
angiospasm, angiospasm
angiotensină, angiotensin
angoasă, anguish
angrenare, rabbeting
angrosist, wholesaler
anhidrotic, anhidrotic
anhidroză, anhidrosis
anhidru, anhydrous
animal de casă, pet
animat, brisk
anion, anion
anizeiconie, aniseikonia
anizocitoză, anisocytosis
anizocorie, anisocoria
anizocromatopsie, anisochromatopsia
anizomelie, anisomelia
anizometropie, anisometropia
anod, anode
anomalie, abnormality ; defect
– **anomalie congenitală**, birth defect
anomie, anomia
anonichie, anonychia
anoperineal, anoperineal
anorectal, anorectal
anorexie, anorexia
– **anorexie nervoasă**, anorexia nervosa
anorexigen, appetite suppressant
anorganic, inorganic
anorhid, anorchous
anormal, abnormal ; anomalous
anosmie, anosmia
anovulaţie, anovulation
anoxemie, anoxemia
anoxie, anoxia
antagonist, antagonist
antalgic, analgesic
antebraţ, forearm
antecedente, (past) history
– **antecedente familiale**, familial history
anterior, prior ; anterior ; former
anterograd, anterograde
anteroinferior, anteroinferior
anterointern, anterointernal
anterolateral, anterolateral
anteromedian, anteromedian
anteroposterior, anteroposterior
anterosuperior, anterosuperior
anteversiune, anteversion
antiacid, antacid
antibiotic, antibiotic
anticoagulant, anticoagulant
anticodon, anticodon
anticolinergic, anticholinergic
anticolinesterază, anticholinesterase
anticoncepţional, contraceptive

anticonvulsiv, anticonvulsant
anticorp, antibody
– **anticorp blocant**, blocking antibody
– **anticorp precipitant**, precipitin
antidepresiv, antidepressant
antidot, antidote
antifungic, antimycotic
antigalactic, lactifuge
antigen, antigen
antihelmintic, helminthagogue
antihistaminic, antihistamine
antiinflamator, antiinflammatory
antilimfocitar, antilymphocyte
antimalaric, antimalarial
antimetabolit, antimetabolite
antimicotic, antimycotic
antimigrenos, antimigraine
antimitotic, antimitotic
antipaludic, antimalarial
antiperistaltic, antiperistaltic
antipiretic, antipyretic
antipruriginos, antipruritic
antiscorbutic, antiscorbutic
antiseptic, antiseptic
antiser, antiserum
antispasmodic, antispasmodic
antitiroidian, antithyroid
antitoxină, antitoxin
antitrombină, antithrombin
antitusiv, cough-relieving
antivenin, antivenin
antracoză, anthracosis
antrax, carbuncle
a (se) antrena, to train
antreprenor de pompe funebre, undertaker
antropoid, anthropoid
antropologie, anthropology
antrotomie, antrotomy
antru, antrum
anual, yearly
anuar, yearbook
a anula, to cancel
anurie, anuria
anus, anus
anxietate, anxiety
anxios, anxious
aortă, aorta
aortic, aortic
aortită, aortitis
aparat, unit ; device ; system ; apparatus
– **aparat digital pentru monitorizarea glicemiei**, fingerstick device
– **aparat juxtaglomerular**, juxtaglomerular apparatus
– **aparat ortopedic**, brace
– **aparat de reanimare**, life support machine
în aparenţă, ostensibly
apariţie, advent ; emergence ; occurence
a aparţine, to belong
apatie, apathy
apă, water
– **apă potabilă**, drinking water

– **apă de javel**, bleach
apărare musculară, guarding
ape menajere, sewage
apeduct, aqueduct
apendice, appendix
– **apendice xifoid**, ensiform cartilage ; xiphoid process
apendicectomie, appendectomy
apendicită, appendicitis
apercepţie, apperception
aperistaltism, aperistalsis
apex, apex
apicectomie, apicectomy
apirexie, apyrexia
a aplatiza, to flatten
aplazie, aplasia
– **aplazie medulară**, marrow aplasia
aplicare, implementation
– **aplicarea unui unguent**, inunction
aplicaţie, application
aplicator, applicator
apnee, apnea
– **apnee de somn**, sleep apnea
apofiză, apophysis
– **apofiza mastoidă**, mastoid process
– **apofiza spinoasă**, spine of vertebra
apogeu, acme
aponevroză, aponeurosis
apoplexie, apoplexy
aport, intake
– **aport alimentar**, food intake
apos, aqueous
apraxie, apraxia
aproape, near
aprofundat, thorough
aproximativ, roughly ; around
apt, apt
aptialie, aptyalisme
aptitudine, aptitude
arahnodactilie, arachnodactyly
arahnoid, arachnoid
aranjament, arrangement
arborizaţie, arborization
arbovirus, arbovirus
arc, arch ; arcus
arcadă, arch ; arcus
– **arcada supraciliară**, superciliary arch
arenoblastom, arrhenoblastoma
areolă, areola
argininosuccinurie, argininosuccinicaciduria
argint, silver
argirie, argyria
arie, area
aripă, ala ; wing
– **aripa albă·internă**, hypoglossal triangle
aritenoid, arytenoid
aritmie, arrhythmia
ARN ribozomal, ribosomal RNA
arsură, scald

- **arsură solară**, sunburn
artefact, artifact
artera innominata, innominate artery
arteră, artery
- **artera brahială**, brachial artery
- **arteră pulmonară**, pulmonary artery
arterial, arterial
arteriectomie, arteriectomy
arteriografie, arteriography
arteriolă, arteriole
arteriopatie, arteriopathy
arterioplastie, arterioplasty
arterioscleroză, arteriosclerosis
arteriotomie, arteriotomy
arterită, arteritis
articol, article
- **articol de sinteză**, review article
- **articol de îmbrăcăminte**, article of clothing
articular, articular
articulaţie, joint
- **articulaţie în balama**, ginglymus
- **articulaţie falangiană**, knuckle
- **articulaţie şelară**, saddle joint
- **articulaţie temporomandibulară**, temporomandibular joint
artificial, artificial ; sham
artralgie, arthralgia
artrectomie, arthrectomy
artrită, arthritis
artrodeză, arthrodesis
artrodinie, arthrodynia
artrografie, arthrography
artropatie, arthropathy
- **artropatie hemofilică**, hemophilic arthropathy
artroplastie, arthroplasty
artroscop, arthroscope
artroscopie, arthroscopy
artrotomie, arthrotomy
ascaricid, ascaricide
ascaridiază, ascariasis
ascaris, ascaris
ascensiune, rise
ascensor, elevator
ascită, ascites
ascuţit, sharp
asepsie, asepsis
aseptic, aseptic
asexual, asexual
asfixie, asphyxia
a se asigura, to ensure
asimetrie, asymmetry
asimptomatic, asymptomatic
asinclitism, asynclitism
asistat de calculator, computer-aided
asistent social, social worker
asistenţă, assistance
- **asistenţă cardiorespiratorie**, life support
asociere, association ; combination

aspect, appearance
aspermie, aspermia
aspiraţie, aspiration
aspirator, aspirator
aspirină, aspirin
asteatoză, asteatosis
astenie, asthenia
astenopie, asthenopia
a teptare, waiting
– **în a teptare**, on hold
astereognozie, astereognosis
astigmatism, astigmatism
astm, asthma
astringent, astringent
astrocitom, astrocytoma
astroglie, astroglia
aşezare în pagină, page setup
aşezat, sitting
a aştepta, to expect
atac, attack ; seizure
– **atac epileptiform**, seizure like
– **atac de panică**, panic attak
a ata a, to fasten
ataşament, attachement
atavism, atavism
ataxie, ataxia
– **ataxie locomotorie**, locomotor ataxia
atelă, splint
– **atelă pentru dorsiflexia încheieturii mâinii**, cock-up splint
atelectazie, atelectasis
atelier, workshop
a atenua, to alleviate
aterogen, atherogenic
aterom, atheroma
ateroscleroză, atherosclerosis
atetoză, athetosis
atipic, atypical
atlas, atlas
atmosferă, atmosphere
atomizor, atomizer
atonie, atony
atrezie, atresia
atrial, atrial
atribuire, assignment
atrioventricular, atrioventricular
atriu, atrium
atrofic, atrophic
atrofie, atrophy
– **atrofie peronieră Charcot-Marie**, peroneal atrophy
– **atrofie sclerozantă vulvară**, kraurosis vulvae
atropină, atropine
aţipire, nap
audiogramă, audiogram
audiolog, audiologist
audiometrie, audiometry
audiometru, audiometer
auditiv, auditory ; aural
aur, gold
aură, aura
auricular, auricular
auriculă, auricle
auriculotemporal, auriculotemporal
auscultaţie, auscultation

autism, autism
autist, autistic
auto-, self-
autoaglutinare, autoagglutination
autoanticorp, autoantibody
autoantigen, autoantigen
autocatalitic, autocatalytic
autoclav, autoclave
autodigestie, autodigestion
autoerotism, autoeroticism
autogen, autogenous
autogrefă, autograft
autohipnoză, autohypnosis
autohton, indigenous
autoimunitate, autoimmunity
autoimunizare, autoimmunization
autoinfecţie, autoinfection
autointoxicaţie, autointoxication
autoliză, autolysis
automatism, automatism
autoplastie, autoplasty
autopsie, autopsy
autoradiografie, autoradiography
autoreglare, self-regulation
autorizaţie, license
– **autorizaţie de plecare**, leave
autosugestie, autosuggestion
autotransfuzie, autotransfusion
autozomal, autosomal
avans, advancement
avansat, advanced
avariat, spoiled
avascular, avascular
avertisment, warning
aviar, avian
avirulent, avirulent
avitaminoză, avitaminosis
aviz, notice
avort, miscarriage ; abortion
– **avort provocat**, induced-abortion
ax, spindle
axă, axis
axilar, axillary
axilă, axilla
axon, axon
azbest, asbestos
azoospermie, azoospermia
azot, nitrogen
azotemie, azotemia
azoturie, azoturia

B

bacil, bacillus
– **bacilul difteric**, Klebs-Loeffler bacillus
bacilar, bacillary
bacilurie, bacilluria
bacterian, bacterial
bactericid, bactericidal
bacterie, bacteria ; bacterium
– **bacterie aerobă**, aerogen
bacteriemie, bacteriemia
bacteriofag, bacteriophage
bacteriolitic, bacteriolytic
bacteriologie, bacteriology
bacteriostatic, bacteriostatic
bacteriurie, bacteriurie
badijonaj, painting
bagasoză, bagassosis
baie, bath
balama, hinge
balanită, balanitis
balansare, rocking
baleiaj, scan
balneologie, balneology
balonare, bloating ; ballooning
balsam, balm ; balsam
banal, trivial
bancnotă, bank note
bandaj, bandage ; swathe
– **bandaj (garou) de compresiune**, tourniquet
– **bandaj pentru hernie**, truss
bandă, strip ; tape
– **banda Z**, Z band
– **bandă adezivă**, adhesive tape
– **bandă ghipsată**, casting tape
– **bandă magnetică**, magnetic tape
– **bandă reactivă**, dipstick
– **bandă rulantă**, treadmill
bandeleta longitudinală a colonului, longitudinal band of colon ; taenia coli
bar, bar
barbă, beard
barieră, barrier
– **barieră placentară**, barrier
baroreceptor, baroreceptor
bartolinită, bartholinitis
Basedow Graves (boala), Graves' disease

bastona, rod
baterie, battery
batistă, handkerchief
batog, cod
a se baza pe, to rely on
bazal, basal
bază, base ; basis
– **bază de date**, data base
bazilar, basilar
bazin, pelvis
– **bazin android**, android pelvis
bazofil, basophil
bărbat, man ; male
bărbie, chin
bătaie, beat
bătătură, callus ; corn
bătrâneţe, old age
bâlbâială, stammering, stuttering
bâzâit în urechi, buzzing in the ears
a bea, to drink
beant, gaping
beanţa colului uterin, incompetent cervix
behaviorism, behaviorism
beneficiu, benefit
benign, benign ; mild
benignitate, mildness
benzină, gasoline
berilioză, berylliosis
bestialitate, bestiality
beta, beta
betablocant, betablocker
beţie, inebriation
bezoar, bezoar
biauricular, binaural
biberon, bottle
bibliotecă, library
biceps, biceps
bicorn, bicornuate
bicuspid, bicuspid
bifid, bifid
bifurcat, bifurcate
bilanţ, balance ; assessment
– **bilanţ energetic**, energy balance
bilateral, bilateral
bilă, gall
bilharzie, bilharzia
biliar, biliary
bilios, bilious
bilirubină, bilirubin
biliurie, biliuria
biliverdină, biliverdin
bimanual, bimanual
binocular, binocular
biochimie, biochemistry
biodisponibilitate, bioavailability
biofizică, biophysics
biogeneză, biogenesis
biologie, biology
biometrie, biometrics
biopsie, biopsy
– **biopsie-exereză**, excisional biopsy
biosinteză, biosynthesis
biotin(ă), biotin
biovular, binovular
birou, office

bisexual, bisexual
bisinoză, byssinosis
bisturiu, bistoury
blast, blast
blastomicoză, blastomycosis
– **blastomicoză cheloidă**, Lobo's disease
blând, bland
blefarită, blepharitis
blefarospasm, blepharospasm
blenoragie, gonorrhea
blenoree, blennorrhea
blindaj, shield
bloc, block
– **bloc atrioventricular**, atrioventricular block
– **bloc operator**, operating suite
– **bloc de ram**, bundle branch block
blocaj, block ; blockage ; lock
blocat, locked
blond, fair-haired
boală, disease, illness
– **boala Addison**, Addison's disease
– **boala Basedow-Graves**, Graves disease
– **boala ghearelor de pisică**, cat scratch fever
– **boala Parkinson**, Parkinson's disease
– **boala vacii nebune**, mad cow disease
– **boală autoimună**, autoimmune disease
– **boală cronică**, protracted disease
– **boală de decompresiune**, decompression sickness
– **boală fetală**, fetal distress
– **boală invalidantă**, crippling disease
– **boală obligatoriu de declarat**, certificable disease
– **boală parodontală**, periodontal disease
– **boală periodică**, periodic syndrome
– **boală profesională**, industrial disease
– **boală transmisibilă**, communicable disease
– **boală cu transmitere sexuală**, sexually transmitted disease (STD)
– **boală venerică**, venereal disease
bol, bolus
bolnav, ill, sick
– **bolnav ambulator**, outpatient
boltă, vault
bonetă, caul
bosă, hump
botulism, botulism
bradicardie, bradycardia
bradikinină, bradykinin
brahial, brachial
brahicefalie, brachycephaly
brancardier, stretcher
branhial, branchial

braţ, arm
brâu, girdle
bregma, bregma
brevet, license
Brinton (maladia), linitis plastica
bromhidroză, bromidrosis
bromism, bromism
bronhic, bronchial
bronhie, bronchus
bronhogenic, bronchogenic
bronhografie, bronchography
bronholit, broncholith
bronhopneumonie, bronchopneumonia
bronhoscop, bronchoscope
bronhoscopie, bronchoscopy
bronhospasm, bronchospasm
bronşectazie, bronchiectasis
bronşiolă, bronchiole
bronşiolită, bronchiolitis
bronşită, bronchitis
bronzat, sun-tanned
bruceloză, brucellosis
brumă, frost
brun, brown
brut, gross ; crude
bubon, bubo
bucal, buccal
bucată, bit
buccinator, buccinator
buclă, curl ; loop
bufeu, burst
  – **bufeu de căldură**, flush
bulă, bubble
bulb, bulb
  – **bulb rahidian**, medulla oblongata
bulimie, bulimia
bunăstare, welfare
burbion, core of boil
burelet, labrum
burete, sponge
buric, navel
burjon, sprout
burjonare, budding
bursă, bursa ; pouch
  – **bursă de studiu**, scholarship
bursită, bursitis
burtă, belly
busolă, compass
buşon, plug
butoi, barrel
buton, button
butonieră, buttonhole
buză, lip ; labium
  – **buze crăpate**, cracked lip
  – **buză de iepure**, harelip
bypass, bypass

C

cablaj, wiring
caca, pooh
cadavru, cadaver ; corpse
cadou, gift
cadru, frame
caduceu, caduceus
cafeină, caffeine
calcaneu, calcaneus
calcaros, calcareous
calcemie, calcemia
calciferol, calciferol
calcificare, calcification
calcitonină, calcitonin
calciu, calcium
calcul, calculus, stone
– **calcul biliar**, gallstone
– **calcul urinar**, urolith
cald, warm
cale, pathway
– **cale de administrare**, route
– **cale extrapiramidală**, extrapyramidal tract
– **cale metabolică**, pathway
– **căi aeriene**, airways
– **căi respiratorii superioare**, upper respiratory tract
– **căi urinare**, urinary tract
calendar, calendar
a calibra, to calibrate
calibrare, calibration
calibru, gauge
calice, calyx
a califica, to qualify
a calma, to soothe
calmant, anodyne
calmar, squid
calorie, calorie
calorigen, calorigenic
calorimetru, calorimeter
calotă craniană, calvaria
calozitate, callosity
calus vicios, malunion
calviţie, alopecia ; baldness
cameră, room
– **camera posterioară a ochiului**, posterior chamber of eye
– **cameră hiperbară**, hyperbaric chamber
canal, canal ; channel ; ductus
– **canal arterial**, ductus arteriosus

– **canal cistic**, cystic duct
– **canal colector**, sewer
– **canal de comunicare**, through fare channel
– **canal galactofor**, lactiferous duct
– **canal sacral**, sacral canal
– **canalul semicircular**, semicircular canal
canalicul, canaliculus
canapea, couch
cancer, cancer
cancerofobie, cancerophobia
cancroid, cancroid
candidat, applicant
canin (dinte), canine teeth
canistră, canister
cannabis, cannabis
cantitate, amount
canulă, cannula
cap, head
capacitate, capacity
– **capacitate vitală (CV)**, vital capacity (VC)
capcană, trap
capilar, capillary
capitat, capitate
capricios, moody
capsulă, capsule
capsulită, capsulitis
capsulotomie, capsulotomy
capuşon, cap
– **capuşon mucos**, pericoronal flap
caracter, character ; temper
caracteristică, feature
carantină, quarantine
carbohidrat, carbohydrate
carboxihemoglobină, carboxyhemoglobin
carcinogen, carcinogenic
carcinoid, carcinoid
carcinom, carcinoma
– **carcinom bronhic**, bronchial carcinoma
carcinomatoză, carcinomatosis
cardiac, cardiac
cardiograf, cardiograph
cardiologie, cardiology
cardiomiopatie, cardiomyopathy
cardiopatie, cardiopathy
– **cardiopatie congenitală**, congenital heart disease
– **cardiopatie ischemică**, ischemic heart disease
cardiospasm, cardiospasm
cardiovascular, cardiovascular
cardită, carditis
carenă, carina
carenţă, deficiency
– **carenţă afectivă**, affective deprivation
– **maladie prin carenţă**, deficiency disease
careu, quadrate
carie, caries ; cavity
– **carie dentară**, dental decay
cariochineză, karyokinesis

cariotip, karyotype
carne, meat
caroten, carotene
carotidă, carotid
carotidian, carotid
carp, carpus
carpometacarpian, carpometacarpal
cartogarfie, mapping
cartuş, cartridge
carunculă, caruncle
casa scării, staircase
casier, pay office
castrare, castration
caşexie, cachexia
catabolism, catabolism
cataforeză, cataphoresis
catalepsie, catalepsy
catalizator, catalyst
cataplexie, cataplexy
catar, catarrh
cataractă, cataract
cataramă, buckle
catatonie, catatonia
cateter, catheter
cateterism, catheterism
catharctic, cathartic
catharsis, catharsis
cation, kation
cauciuc, rubber
caudal, caudal
caudat, caudate
caustic, caustic
cauter, cautery
cauzal, causative
cavernos, cavernous
cavitate, chamber
– **cavitate articulară**, socket
caz, case
cazeină, casein
cazuistic, casuistics
cădere, fall
– **cădere nervoasă**, nervous-breakdown
călătorie, journey ; trip
– **călătorie de întoarcere**, homing
călcâi, heel
căldură, heat ; calor
călduţ, tepid
căluş, gag
cămaşă de forţă, strait-jacket
căpuşă, tick
cărnos, carneous
a căsca, to yawn
căutare, search
câmp operator, drape
câmp receptor, receptive field
câmp vizual, field of vision
cântar pentru copii, baby-scale
cârje, crutches
ceafă, nape ; nucha
ceară, wax
ceas, clock ; watch
ceaşcă, cup
cecitate, blindness
cecum, caecum
cefalee, headache
cefalic, cephalic
cefalocel, cephalocele
cefalometrie, cephalometry

celiac, celiac
celibatar, bachelor
celioscopie, celioscopy
celular, cellular
celulă, cell
– **celulă adipoasă**, adipose cell
– **celulă ciliară**, hair cell
– **celulă oxintică**, oxyntic cell
– **celulă parietală**, parietal cell
– **celulă-ţintă**, target cell
– **celule calciforme**, goblet cells
celulită, cellulitis
celuloză, cellulose
centigrad, centigrade
centimetru, centimeter (cm)
centrifug, centrifuge
centripet, centripetal
centromer, centromere
centru, centre ; centrum
– **centru de primire medicosocial**, outreach center
– **centru de supraveghere (a copiilor)**, daycare center
centură, belt
– **centură sanitară**, sanitary cordon
cenuşiu, grey
cercar, cercaria
a cerceta, to investigate
cercetare, research
cercetător, researcher
cercetător, investigator
cerebel, cerebellum
cerebral, cerebral
cerebralitate, cerebration
a cere, to demand
cerneală, ink
certificat prenupţial, premarital certificate
cerumen, cerumen
cervical, cervical
cervicectomie, cervicectomy
cervicită, cervicitis
cestod, cestode
cestodă, tapeworm
cetonă, ketone
cetonemie, ketonemia
cetonurie, ketonuria
cetosteroid, ketosteroid
cetoză, ketosis
ceva, something
cezariană, caesarian section
cheag, clot
cheie, key
cheilită, cheilitis
cheiloplastie, cheiloplasty
chelazion, meibomian cyst
cheloid, keloid
cheltuială, expenditure
chemoreceptor, chemoreceptor
chemotaxie, chemotaxis
chemotropism, chemotropism
chemozis, chemosis
cheratectazie, keratectasia
cheratectomie, keratectomy
cheratină, keratin
cheratită, keratitis

cheratolitic, keratolytic
cheratom, keratoma ; keratome
cheratomalacie, keratomalacia
cheratometru, keratometer
cheratoplastie, keratoplasty
cheratoză, keratosis
chiasmă, chiasma
chil, chyle
chilifer, lacteal
chim, chyme
chimie, chemistry
chimiotactism, chemotaxis
chimioterapie, chemotherapy
chinchinism, cinchonism
chinestezie, kinesthesis
chinezie, kinesis
chiropod, chiropodist
chiropractor, chiropractor
chirurg, surgeon
chirurgical, surgical
chirurgie, surgery
– **chirurgie reparatorie**, reconstructive surgery
chist, cyst
– **chist dermoid**, dermoid cyst
– **chist hidatic**, hydatic cyst
– **chist tireoglos**, thyroglossal cyst
chistectomie, cystectomy
chiuretă, curette
chiuretaj, curretage
chiuvetă, basin
ciancobalamină, cyancobalamin
cianoză, cyanosis
cicatrice, cicatrix ; scar
cicatriceal, cicatricial
cicatrizare, scarring
ciclită, cyclitis
ciclodializă, cyclodialysis
cicloplegie, cycloplegia
ciclotimie, cyclothymia
ciclotomie, cyclotomy
ciclu, cycle
– **ciclu anovulator**, anovulary cycle
– **ciclu menstrual**, menses
– **ciclul acidului citric**, citric acid cycle
– **ciclul Krebs**, Krebs cycle
cifoscolioză, kyphoscoliosis
cifoză, kyphosis
cifră, number
cil, cilia
cilifer, chylous
cilindri urinari, urinary casts
cilindru epitelial, epithelial cast
cinetic, kinetics
cioc, beak
ciocan, malleus
ciot, stump
circadian, circadian
circinat, circinate
circulaţie, circulation
circumcizie, circumcision
circumferinţă (a pieptului sau taliei), girth
circumscris, circumscribed
circumvoluţiune, convolution

ciroză, cirrhosis
cirsoid, cirsoid
cisternă, cistern
cistic, cystic
cisticercoză, cysticercosis
cistinoză, cystinosis
cistinurie, cystinuria
cistită, cystitis
cistocel, cystocele
cistografie, cystography
- **cistografie micţională**, voiding cystography
cistolitiază, cystolithiasis
cistometrie, cystometry
cistoscop, cystoscope
cistostomie, cystostomy
a cita, to quote
citocrom, cytochrome
citogenetică, cytogenetics
citoliză, cytolisis
citologie, cytology
- **citologie exfoliativă**, exfoliative cytology
citometru, cytometer
citopatogen, cytopathic
citoplasmă, cytoplasm
citotoxic, cytotoxic
citotoxină, cytotoxin
citotrofoblast, cytotrophoblast
în ciuda, despite
ciudat, odd ; queer
ciupercă, fungus
cizelare, shearing
clădire, building
clamă, clasp
clar, clear
clasament, grading
claudicaţie, claudication ; limp
claustrofobie, claustrophobia
claviculă, clavicle ; collarbone
clavus, clavus
a clăti, to wash out
clearance, clearance
cleidotomie, cleidotomy
cleşti, tongs
climacteriu, climacteric
climax, climax
clinic, clinic
clinician, clinician
clipire, winking ; blinking, nictation
clişeu, picture
clitoris, clitoris
clivaj, splitting ; cleavage
cloasmă, chloasma
clocot, boiling
clocotit, scalding
clonic, clonic
clorhidrat, hydrochloride
cloroform, chloroform
clorom, chloroma
clorură, chloride
- **clorură de sodiu**, sodium chloride
coaching, coaching
coadă, tail
- **coada de cal**, cauda equina
coagulare, clotting ; coagulation
coane, choanae

coarctaţie, coarctation
coardă, chorda
coastă, rib
cobai, guineaping
cobalt, cobalt
coc, coccus
cocaină, cocaine
cocainomanie, cocaine addiction
coccigodinie, coccydynia
coccis, coccyx
cochilie, shell
 – **cochilie de scoică**, shellfish
cod, code
codeină, codeine
codificare, coding
codominanţă, codominance
codon, codon
coeficient, quotient
 – **coeficient de inteligenţă (QI)**, intelligence quotient (IQ)
intensiv, intensive
 – **coeficient de permeabilitate**, permeability coefficient
coenzimă, coenzyme
cofactor, cofactor
cogniţie, cognition
cohlee, cochlea
coit, coitus
col, neck
 – **col uterin**, cervix uteri
colabat, collapsed
colagen, collagen
colagog, cholagogue
colangiogramă, cholangiogram
colangită, cholangitis
colaps, collapse
colateral, collateral
colecistectomie, cholecystectomy
colecistită, cholecystitis
colecistografie, cholecystography
colecistostomie, cholecystostomy
colectare, collection
colectomie, colectomy
coledocolitotomie, choledocholithotomy
coledocotomie, choledochotomy
colelitiază, cholelithiasis
colemie, cholemia
colesteatom, cholesteatoma
colesterol, cholesterol
colet, pack
colică, colic
colici, gripes
colinergic, cholinergic
colinesterază, cholinesterase
colită, colitis
coloană, column
 – **coloană vertebrală**, backbone ; spine
colobom, colloboma ; coloboma
colodiu, collodion
coloid, colloid
colon, colon

– **colon ascendent**, ascending colon
colonie, colony
colorant, stain
coloraţie, staining
colostomie, colostomy
colostru, colostrum
colotomie, colotomy
colpită, colpitis
colpocel, colpocele
colporafie, colporrhaphy
colposcop, colposcope
colpotomie, colpotomy
columelă, modiolus
colurie, choluria
comă, coma
comandă, order
comatos, comatose
comedon, blackhead ; comedo (*pl.* comedones)
comensal, commensal
comentariu, comment
comisie de licenţă, licensing commission
comisură, commissura
comod, convenient
comoţionat, concussed
comparaţie, comparison
– **comparaţie înainte-după**, before and after comparison
– **comparaţie intragrup**, within-group comparison
compartiment, compartment
compas pentru calibrare, calipers
compatibil, consistent
compatibilitate, compatibility
– **compatibilitate sangvină**, cross-matching
compendiu, compendium
compensare, offset
compensaţie, compensation
complement, complement
complet, complete
a completa, to fill in
complex, complex
– **complex de inferioritate**, inferiority complex
complicat, complicated
complicaţie, complication
component, component
comportament, bahavior
compresă, compress ; pad
compresie, pressure
– **compresie medulară**, cord compression
a comprima, to squeeze
comprimare, compression
comprimat, tablet
compus, compound
computer, computer
computerizat, computerized
comun, common
comunicare, communication
– **comunicare interventriculară**, ventricular sept defect
comunitate (în), community (in the-)
con, cone
concavitate, concavity
concă, concha

concentrare, concentration
concentrat, concentrate
concentric, concentric
concepţie, conception
concreţiune, concretion
condensare, condensation
condensator, condenser
condil, condyle
condilom, condyloma
condiţie, condition
– **cu condiţia să**, provided that
– **condiţie prealabilă**, prerequisite
condiţionare, conditioning
condralgie, chondralgia
condriom, chondriome
condrită, chondritis
condrodinie, chonralgia
condrom, chondroma
condromalacie, chondromalacia
condrosarcom, chondrosarcoma
conduct, meatus
conductanţă, conductance
conductor, conductor
conducţie, conduction
– **conducţie osoasă**, osteophony
conduită, conduct
conexiune, linking
confabulaţie, confabulation
conferinţă, lecture
confirmat, confirmed
conflict, conflict
conform (*adv.*), according to
conformitate, compliance
– **în conformitate cu**, in line with
confort, comfort
confuzie, confusion
congelare, freezing
congenital, congenital ; innate
congestie, congestion
congestiv, suffused
congres, congress
conjugat, conjugate
conjunctiv, connective
conjunctivă, conjunctiva
conjunctivită, conjunctivitis
consangvinitate, consanguinity
a conserva, to preserve
conservator, conservative
conservă, canned food
a consilia, to advise
consiliere familială, marital counseling
consiliu de conducere, board
consolidare, consolidation
constant, constant
constipaţie, constipation
constituţional, constitutional
constricţie, constriction
consultaţie, counseling
consum, consumption
– **consum de energie**, energy output
– **consum de oxigen**, oxygen uptake
conştient, conscious

contact, contact
contagios, contagious
contaminat, contaminated
contenţie, bracing
contondent, blunt
contor, counter
 - **contor Geiger**, Geiger contor
contraceptiv, contraceptive
 - **contraceptiv oral**, contraceptive pill
contracepţie, contraception
contractură ischemică, ischemia contracture
contracţie, contraction
 - **contracţie în clepsidră**, hourglass contraction
contra curentului, countercurrent
contradictoriu, conflicting
contraindicaţie, contraindication
contravenient, offender
control, control
 - **control placebo**, placebo-controlled
 - **control la poartă**, gate control
 - **controlul (limitarea) naterilor**, birth control
controlateral, contralateral
contur, outline
contuzie, contusion
conţinut, content
convalescenţă, convalescence
convecţie, convection
convergenţă, convergence
conversie, conversion
convex, convex
convulsie, convulsion
copie, copy
copil, child
 - **copil adoptat**, adopted child
copilărie, childhood
copulaţie, copulation
coracoid, coracoid
cord pulmonar, cor pulmonale
cordită, chorditis
cordon, funis
 - **cordoanele măduvei spinării**, funiculi of the spinal cord
 - **cordon spermatic**, spermatic cord
corect, correct ; accurate
corectitudine, accuracy
corectiv, corrective
coree, chorea
corion, chorion
coriză, coryza
corn, horn
cornean, corneal
cornee, cornea
cornetele foselor nazale, turbinate bones
cornos, keratic
coroană, crown
 - **coroană dentară**, corona dentis
coroid, choroid

coroidită, choroiditis
coroidociclită, choroidocyclitis
coronoidă, coronoid
coronoidian, coronoid
coroziv, corrosive
corp, body ; corpus
– **corp calos**, corpus callosum
– **corp celular**, cell body
– **corp ciliar**, corpus ciliare ; ciliary body
– **corp galben**, corpus luteum
– **corp geniculat**, geniculate body
– **corp străin**, foreign body
– **corp striat**, striate body
– **corp vitros**, vitreous body
corpolenţă, corpulence
corporal, corporeal
corpuscul, corpuscule
cort, tent
– **cort pentru oxigenare**, oxygen tent
cortex, cortex
cortical, cortical
corticosteroid, corticosteroid
corticotrop, corticotrophic
cortizol, cortisol
cortizon, cortisone
cosmetic, cosmetic
cost, cost
costal, costal
costocondrită, costochondritis
costum, suit
coşmar, nightmare
cot, elbow
cotaţie, score
coxalgie, coxalgie
crampă, cramp ; charleyhorse
– **crampa scriitorului**, writers' cramp
cranian, cranial
cranioclast, cranioclast
craniofaringiom, craniopharyngioma
craniometrie, craniometry
craniosinostoză, craniosynostosis
craniostenoză, craniostenosis
craniotabes, craniotabes
craniotomie, craniotomy
craniu, cranium
crază, crasis
crăpat, chapped
crăpătură, crack
creastă, crest ; ridge
– **creastă iliacă**, iliac crest
creatină, creatine
creatinină, creatinine
creier, brain ; cerebrum
– **creierul anterior**, forebrain
– **creierul posterior**, hindbrain
cremă, cream
crepitaţie, crepitus
crescător, crescent
creştere, increase ; increment ; enhancement ; growth

cretinism, cretinism
crevasă, crevice
cribriform, cribriform
cricoid, cricoid
criestezie, cryesthesia
crioanalgezie, cryoanalgesia
criochirurgie, cryosurgery
crioterapie, cryotherapy
criptorhidie, cryptorchism
cristalin, lens
cristalinian, lenticular
cristaloid, crystalloid
cristalurie, crystalluria
criteriu, criteria
 – **criteriu principal de evaluare**, main end point
critic, critical
criză, crisis ; seizure
 – **criză de amnezie**, amnesiac stroke
 – **criză epileptică**, epileptic seizure
cromatină, chromatin
cromatografie, chromatography
cromozom, chromosome
 – **cromozom X**, X chromosome
 – **cromozom Y**, Y chromosome
cronic, chronic
cronometraj, timing
croşet, hook
crucial, crucial
cruciform, cruciform
crupă, croup
crural, crural ; femoral
crustă, crust ; scab
cubitus, cubitus ; ulna
cui, nail
culcat, recumbent
 – **culcat pe spate**, supine
culdoscopie, culdoscopy
culoare, color
cultură, culture
cuneiform, cuneiform
cunoaştere, knowledge ; acknowledgment
cunoscut, known
cupă, cup
cuplaj, coupling
cuprinzător, comprehensive
cupru, copper
curare, curare
curat, clean
curativ, curative
cură termală, crenotherapy
curăţare, cleaning
curbă, curve
 – **curba debit-volum**, floe--volume loop
curent, stream
 – **curent de aer**, draft ; draught
 – **curent alternativ**, alternating current
 – **curent de intrare**, inward current
curios, curious
curs, class
 – **în curs**, on going
cusătură, seam

cuşca toracică, rib cage
cutanat, cutaneous
cută, crease
cuticulă, cuticle
cuţit, knife
cuvânt, word
– **cuvânt-înainte**, foreward
– **cuvânt-cheie**, key word
cuvertură, cover
cvadriceps, quadriceps
cverulenţă, querulousness

D

a da, to give
dacă, if
- **dacă e necesar**, where relevant

dacrioadenită, dacryoadenitis
dacriocistită, dacryocystitis
dacriocistorinostomie, dacryocystorhinostomy
dacriolit, dacryolith
dactilită, dactylitis
dactilologie, dactylology
daltă, gouge
daltonism, daltonism ; color blindness
dantelă, lace
darwinism, darwinism
dată, date
- **dată de expirare**, expiration date
- **dată-limită**, deadline

date, data
- **date brute**, raw data

de, of
debil, dull
- **debil mintal**, moron

debilitate, debility
debit, outflow
- **debit cardiac**, cardiac output
- **debit maxim**, peakflow

debordare, overflow
debut, onset
decadă, decade
decalaj orar, jet-lag
a deceda, to die
decerebrare, decerebration
decerebrat, decerebrate
deces, death
decibel (db), decibel (db)
declanşant, triggering
a declara, to declare
declarat, reported
decolare, decapitation
decolorant, bleach
decompensare, decompensation
decompresiune, decompression
- **boală de decompresiune**, decompression sickness

decondiţionare, deconditioning
deconexiune interemisferică, split brain

decontractant, relaxant
decubit, decubitus ; reclined position
- **decubit ventral**, ventral decubitus
decusaţie, decussation
defecaţie, defecation
defect, flaw
- **defect septal atrial**, septal defect
- **defect septal ventricular**, ventricular sept defect
defectuos, faulty
defibrilator, defibrillator
defibrinat, defibrinated
deficienţă musculară, muscular weakness
deficit imunitar, immunodeficiency
deformare, deformity
deformat, distorted
degenerare, degeneration
degenerescenţă, degeneration
- **degenerescenţă grăsoasă**, fatty degeneration
degerătură, frostbite
deget, finger
- **deget de la picior**, toe
- **deget în resort**, snapping finger
- **degetul mare**, thumb
deglutiţie, deglutition
degradare, degradation
a degresa, to downsize
dehidrogenază, dehydrogenase
déja-vu, pseudomnesia
dejecţie, dejection
delegat, vicarious
delict, offense
delincvent, offender
delir, delusion
a delira, to rave
delirant, delusional
delirium tremens, delirium tremens
deltoid, deltoid
demarcaţie, demarcation
dement, dement
demenţă, dementia ; lunacy
a demite, to fire
demografie, demography
denaturare, denaturation
dendrită, dendrite
denervat, denervated
densitate, density
dentar, dental
dentat, dentate
dentiform, odontoid
dentină, dentin
dentist, dentist
dentiţie, dentition
denumire, name
- **denumire comercială**, proprietary name
denutriţie, denutrition
deodorant, deodorant
depărtător, retractor
departe, far
- **departe de**, away from
a depăşi, to exceed
dependenţă, addiction ; dependence

- **dependenţă de cocaină**, cocaine addiction
- **dependenţă psihică**, psychological dependence

depersonalizare, depersonalization
deplasare, displacement
depleţie, depletion
depozit, deposit
depozitare, storage
depresie, depression
- **depresie de involuţie**, involution depression

deprimat, depressed
derivat, derivative
derivaţie, derivation ; drift
- **derivaţie bipolară sau periferică**, bipolar lead

derm, derma, dermis
dermatită, dermatitis
- **dermatită medicamentoasă**, drug eruption

dermatofit, dermatophyte
dermatoglife, dermatoglyphics
dermatografie, dermatography
dermatolog, dermatologist
dermatologie, dermatology
dermatom, dermatome
dermatomicoză, dermatomycosis
dermatomiozită, dermatomyositis
dermatoză, dermatosis
- **dermatoză actinică**, actinic dermatosis

dermografie, dermographia
a descărca de pe un site, to download
descendent, descending
deschidere, opening
deschis, open
descompunere, decay
descoperire, finding
descrescător, waning
descuamare, desquamation ; peeling
desen, drawing
desensibilizare, desensitization
a desface, to unfold
deshidratare, dehydration
desicare, dessication
desmoid, desmoid
despărţire, parting
despicătură, cleft
- **despicătură palatină**, palate cleft

desprindere de retină, retinal detachment
destin, fate
destinat pentru, aimed at ; intended for
destins, patulous
desuet, obsolete
deşeu, waste
deşi, though
detaşare, detachment
detergent, detergent
deteriorare, deterioration ; impairment
deteriorat, impaired

a determina, to ascertain
determinant antigenic, antigenic determinant
determinare, assay
detresă, distress
detritus, detritus
detrusor, detrusor urinae
deuteranomalie, deuteranomaly
deversare, spillage
deviaţie, deviation
– **deviaţie standard**, standard deviation
dextran, dextran
dextrină, dextrine
dextrocardia, dextrocardia
dextroză, dextrose
dezacord, disagreement
dezaminare, deamination
dezarticulare, disarticulation
dezbatere, debate
a dezbrăca, to undress
dezechilibru, imbalance ; unbalance
dezgheţ, thaw
dezinfectant, disinfectant
dezinfectare, disinfectation
dezinfecţie, fumigation
dezintoxicare, detoxication
dezorientare, disorientation
dezoxidare, deoxidation
a dezvolta, to deveop ; to expand
dezvoltare, development
– **dezvoltare psihomotorie**, developmental milestones
diabet, diabetes
– **diabet insipid**, diabetes insipidus
– **diabet zaharat**, diabetes mellitus
diabetic, diabetic
diabetogen, diabetogenic
diafiză, diaphysis
diaforetic, diaphoretic
diafragmă, diaphragm
diafragmatic, phrenic
diagnostic, diagnosis
dializă, dialysis
diametru, diameter
diapazon, tuning fork
diapedeză, diapedesis
diaree, diarrhea
diartroză, diarthrosis
diastază, diastase
diastolă, diastole
diatermie, diathermy
diateză, diathesis
dicrotism, dicrotic
dielectric, dielectric
dietă, diet
dietetică, dietetics
dietetician, dietitian
diferenţial, differential
dificultate, difficulty ; trouble
diformitate, deformity
difracţie, diffraction
difterie, diphtheria
difuziune, diffusion
digestie, digestion
digestiv, digestive
digital, digitalis

dilacerație, laceration
dilatare, dilatation
dilatat, distended
dilatator, dilator
diluție, dilution
dimercaprol (BAL), dimercaprol (BAL)
a diminua, to lessen
diminuare, abatement, decrement
dincolo de, beyond
dinte, tooth (*pl.* teeth)
 – **dinte inclus**, impacted tooth
 – **dinți de lapte**, deciduous teeth ; milk teeth
 – **dinți permanenți**, permanent teeth
dioptrie, dioptre
dioxid, dioxide
 – **dioxid de carbon (CO2)**, carbon dioxide gas (CO2)
diplegie, diplegia
diplococ, diplococcus
diploid, diploid
diplopie, diplopia
dipsomanie, dipsomania
director, director
 – **director general**, chief executive
disc optic, optic disk
dischetă, disk
dischezie, dyschesia
discondroplazie, dyschondroplasia
disconfort, discomfort
discorie, dyscoria
discrepanță, discrepancy
discret, discrete
discurs, speech
a discuta, to discuss
discuție, discussion
disdiadocochinezie, dysdiadocokinesia
disecție, dissection
diseminare, spread
diseminat, disseminated
disestezie, dysesthesia
disfagie, dysphagia
disfuncție, dysfunction
disgenezie gonadică, gonadal dysgenesis
dishidroză, pompholyx
disjuncție, disjunction
diskinezie, dyskinesia
dislalie, dyslalia
dislexie, dyslexia
dislocare, dislocation
dismenoree, dysmenorrhea
disociere, dissociation
disoluție, dissolution
disostoză, dysostosis
 – **disostoză cleidocraniană ; sindromul Marie-Sainton**, cleidocranial dysostosis
dispareunie, dyspareunia
dispariție, disappearance
dispepsie, dyspepsia
dispersie, scatter
displazie, dysplasia
dispnee, dyspnea ; breathlessness

– **dispnee de efort**, exercise--induced dyspnea
disponibil, available
disponibilitate, availability
disproporţie, disproportion
dispunere, array
dispus în reţea, cancellous
distal, distal
distichie, distichiasis
distilare, distillaton
distocie, dystocia
distolic, diastolic
distrofie, dystrophy
– **distrofie musculară progresivă**, muscular dystrophy
– **distrofie pulmonară progresivă**, vanishing lung
disurie, dysuria
diuretic, diuretic
diureză, diuresis
diurn, diurnal
divers, miscellaneous
diverticul, diverticulum
diverticulită, diverticulitis
diverticuloză, diverticulosis
divizibil, divisible
diviziune, division
dizabilitate motorie, lameness
dizaharid, disaccharide
dizartrie, dysarthria
dizenterie, dysentery
DL 50, LD 50
dobândit, achieved ; acquired
documentat, documented
doliu, grieving
dolor, dolor
domiciliu, home
dominant, dominant
donor, donor
donator, giver
dopaj, doping
dopamină, dopamine
dorinţă, wish
dorsal, dorsal
dorsalgie, backache
dorsiflexie, dorsiflexion
dos, dorsum
dosar, folder
– **dosar pentru eliberarea autorizaţiei**, autorisation file
a dota, to endow
dovadă, proof
a dovedi, to prove
Down (sindromul), Down's syndrome
dozaj, assay ; dosage
– **dozaj biologic**, bioassay
– **dozaj imunologic**, immunoassay
– **dozaj radioimunologic**, radio-immunoassay
doză, dose
– **doza medie letală**, medial lethal dose (LD50)
– **doză letală**, lethal dose
drajeu, sugar-coated pill
drastic, drastic
dreapta, right
drepanocitoză, sickle-cell anemia
drept, straight
dres, hose

dublu, double
dulce, sweet
duodenal, duodenal
duplicare, duplication
dur, hard
dura mater, dura mater
durată, duration
- **durata vieţii**, lifetime
- **de lungă durată**, long-standing

durere, pain ; ache
- **dureri articulare în cadrul bolii de decompresiune**, bends
- **dureri de creştere**, growing pain
- **durere fulgurantă**, lightningpain
- **durere lacerantă**, stabbing pain
- **durere pelvină intermenstruală**, midpain
- **durere precordilă**, precordialgia
- **durere proiectată**, referred pain
- **durere vie**, pang

dureros, aching ; painful

E

ebrietate, drunkenness ; ebriety
echilibrat, controlled
echilibru, equilibrium
– **echilibru acido-bazic**, acid-base balance
echimoză, ecchymosis
echinococ, Echinococcus
echipă, team
echipament, outfit ; equipment
eclampsie, eclampsia
ecocardiografie, echocardiography
ecografie, ultrasonography
ecolalie, echolalia
ecologie, ecology
econdrom, ecchondroma
econom, sparing
ecran, screen
– **ecran fluorescent**, fluorescent screen
– **ecran solar**, sunscreen
ectazie, ectasia
ectoderm, ectoderm
ectopic, ectopic
– **sarcină ectopică**, ectopic pregnancy
ectrodactilie, ectrodactylia
eczemă, eczema
edem, edema
– **edem angioneurotic**, angioneurotic edema
– **edem papilar**, papilledema
– **edem Quincke**, angioneurotic edema
edematos, edematous
edentat, toothless
educaţie, education
efect, effect
– **efect advers**, adverse effect
– **efect cumulat**, cumulative action
– **efect litic**, cidal effect
– **efect de mască**, masking effect
efedrină, ephedrine
efelidă, ephelis
eficient, effective
efort, effort
– **efort de expulzie**, bearring down
efuziune, effusion
egal, equal

egocentric, egocentric
ejaculare, ejaculation
elastic, elastic
elastină, elastin
elastoză, elastosis
electiv, elective
electrocardiofonografie, electrocardiophonography
electrocardiogramă (EKG), electrocardiogram (ECG)
electrod, electrode
electroencefalogramă (EEG), electroencephalogram (EEG)
electroforeză, electrophoresis
electrolit, electrolyte
electroliză, electrolysis
electromagnetic, electromagnetic
electromiografie (EMG), electromyography (EMG)
electron, electron
electronic, electronic
electroretinogramă, electroretinogram
electroşoc, electroconvulsive therapy
elefantiazis, Barbados leg ; elephantiasis
– **elefantiazis familial**, Milroy's disease
element, element
elevator, elevator
eliberare, release
eliberator de hormon, releasing hormone
elice, helix
eliminare, elimination
– **eliminarea durerii**, pain relief
elixir, elixir
eluţiune, elution
emaciere, waisting
emanaţii, fumes
embolectomie, embolectomy
embolism, embolism
embriologie, embryology
embriom, embryoma
embrion, embryo
embriopatie, embryopathy
embriotom, embryotome
embriotomie, embryotomy
emetic, emetic
emetropie, emmetropia
emfizem, emphysema
eminenţă, eminence
– **eminenţa hipotenară**, hypothenar eminence
– **eminenţa tenară**, thenar eminence
emisferă, hemisphere
emisie, emission
emolient, emollient
emoţie, emotion
empatie, empathy
empiem, empyema
empirism, empiricism
emulsie, emulsion
enartroză, enarthrosis
encefal, encephalon
encefalic, encephalic
encefalină, enkephalin
encefalită, encephalitis

encefalocel, encephalocele
encefalografie, encephalography
encefalomacie, encephalomacia
encefalomielită, encephalomyelitis
encefalopatie, encephalopathy
encondrom, enchondroma
encoprezis, encopresis
endarterită, endarteritis
endemic, endemic
endocardită, endocarditis
endocervicită, endocervicitis
endocrin, endocrine
endocrinologie, endocrinology
endoderm, endoderm
endogen, endogenous
endolimfă, endolymph
endometriom, endometrioma
endometrioză, endometriosis
endometrită, endometritis
endometru, endometrium
endonerv, endoneurium
endorfină, endorphin
endoscop, endoscope
endoteliom, endothelioma
endotoxină, endotoxin
endotraheal, endotracheal
energetic, energetic
energie, energy
enervant, enervating
enoftalmie, enophthalmos
enorm, huge
enostoză, enostosis
enterectomie, enterectomy
enteric, enteric
enterită, enteritis
enterocel, enterocele
enterochinază, enterokinase
enterococ, enterococcus
enterocolită, enterocolitis
enterolit, enterolith
enteroptoză, enteroptosis
enterostenoză, enterostenosis
enterotomie, enterotomy
entorsă, sprain ; wrench
enucleare, enucleation
enumerare, list
enurezis, enuresis
enzimă, enzyme
eozină, eosin
eozinofil, eosinophil
eozinofilie, eosinophilia
ependim, ependyma
ependimom, ependymoma
epiblefaron, epiblepharon
epicard, epicardium
epicondil, epicondyle
epicondilită, epicondilitis ; tennis elbow
epicraniu, epicranium
epidemic, epidemic
epidemie, epidemic
epidemiologie, epidemiology
epidermă, epidermis
epidermofitoză, epidermophytosis
epidermoliză, epidermolysis
epidermoreacţie, patch test
epididimită, epididymitis
epidural, epidural

epifiză, epiphysis
epifizită, epiphysitis
epigastru, epigastrium
epiglotă, epiglottis
epilare, epilation
epilator, depilatory
epilepsie, epilepsy
epileptiform, epileptiform
epileptogen, epileptogenic ; epileptogenous
epileptogen, proconvulsant
epinefrină, epinephrine
epiplocel, omentocele
epiplon, epiploon ; omentum
episclerită, episcleritis
episiotomie, episiotomy
epistaxis, epistaxis
epitelial, epithelial
epiteliom, ephitelioma
epiteliu, epithelium
– **epiteliu ciliar**, ciliated epithelium
epitrohlee, epithrochlea
epuizant, exhausted
epuizare, burn up
– **epuizare din cauza căldurii**, heat exhaustion
erectil, erectile
erector, erector
ereditar, hereditary
ereditate, heredity, inheritance
ergograf, ergograph
ergometru, ergometer
ergonomie, ergonomics
ergosterol, ergosterol
ergotism, ergotism
eritem, erythema
– **eritem fesier**, napkinrash
– **eritem nodos**, erythema nodosum
– **eritem polimorf**, erythema multiforme
eritroblast, erythroblast
eritroblastoză fetală, erythroblastosis fetalis
eritrocianoză, erythrocyanosis
eritrocit, erythrocyte
eritrocitopenie, erythrocytopenia
eritrocitoză, erxthrocytosis
eritrodermie, erythroderma
eritropoieză, erythropoiesis
erizipel, erysipelas
erizipeloid, erysipeloid
ermetic, hermetic
eroare, error
– **eroare standard**, standard error
erotic, erotic
eroziune, erosion
eructaţie, eructation ; belching
escară, aschar
– **escară de decubit**, bedsore ; decubitus ulcer
eschilă, splinter
esenţă, essentiae
esenţial, essential
esofag, esophagus ; gullet
esofagectomie, esophagectomy
esofagian, esophageal
esofagită, esophagitis

esofagoscopie, esophagoscopy
esotropie, esotropia
estrogen, estrogen
eşancrură, notch
eşantion, specimen ; sample
eşarfă, scarf
eşec, failure
a eşua, to fail
etajeră, rack
etanol, ethanol
etanş, impervious ; tight
etapă, step
eterogen, heterogenous
etic, ethics
etichetare, labelling
etichetă, label
etilism, ethylism
etiologie, etiology
etmoid, ethmoid
etnologie, ethnology
etuvă, drying stove
euforie, euphoria
eugenism, eugenics
eunuc, eunuch
euploid, euploid
eutanasie, euthanasia
evacuare, evacuation
evaluare, evaluation ; appraisal
  – **evaluare clinică**, clinical assessment
  – **evaluarea durerii**, pain rating
evaporare, evaporation
eveniment, event
eventraţie, eventration
eversiune, eversion
evident, obvious
evidenţiere, evidence
evisceraţie, evisceration
evitabil, avoidable
evitare, avoidance
evoluat, advanced
evoluţie, evolution
  – **evoluţia bolii**, disease outcome
evulsiune, evulsion
exacerbare, exacerbation
exact, accurate
exactitate, accuracy
exaltare, elation
examen, examination
exantem, exanthema
excedent, overage
excipient, excipient
excitabilitate, excitability
excizie, excision
excoriaţie, excoriation
excrement, excrement ; dejecta
excrescenţă, outgrowth
excreta, excreta
exemplu, example ; instance
  – **de exemplu**, e.g.
exenteraţie, exenteration
exerciţiu, exercise
  – **exerciţiu activ asistat**, active assist exercise
exfoliere, exfoliation
exhibiţionism, exhibitionism
exhumare, exhumation
exogen, exogenous, ectogenous
exomfal, exomphalos
exostoză, exostosis

exotoxină, exotoxin
expansiune, expansion
expectorant, expectorant
expectoraţie, expectoration
experiment, experiment
experimental, experimental
expirator, expiratory
– **debit expirator**, expiratory flow rate
– **volum expirator de rezervă**, expiratory reserve volume
explorare, exploration
expoziţie, exhibition
expresie, expression
expresiv, meaningful
expulzie, expulsion
– **expulzia placentei**, expulsion of placenta
expunere, exposure
exsangvinotransfuzie, exchange transfusion
exsudat, exudate
extensibil, expandable
extensie, extension
– **extensia bruscă a gambei**, kickback of the patella
extensor, extensor
extern, external
a extirpa, to extirpate
extracapsular, extracapsular
extracelular, extracellular
extract, extract
extrasistolă, extrasystole
extravazare, extravasation
extravertit, extrovert
extremitate, extremity
extrinsec, extrinsic
ezerină, eserine
ezoteric, esoteric

F

fabricant, manufacturer
facial, facial
facies, facies
factor, factor
– **factor antihemolitic**, antihemophilic factor
– **factor atrial natriuretic**, natriuretic factor
– **factor antinuclear**, antinuclear factor
– **factor antirahitic**, antirachitic factor
– **factor de cre tere**, growth factor
– **factori de calitate**, quality factors
factură, bill
facultate, faculty
facultativ, facultative
fagocit, phagocyte
fagocitoză, phagocytosis
falangă, phalange
falciform, falciform
fals, false
falsificare, adulteration
familial, familial
familiar, colloquial
familie, family
fanatism, fanaticism
fantă, fissure
– **fantă vulvară**, vulval cleft
faradizare, faradism
faringe, pharynx
faringectomie, pharyngectomy
faringian, pharyngeal
faringită, pharyngitis
faringolaringectomie, pharyngolaryngectomy
faringoplastie, pharingoplasty
faringotomie, pharyngotomy
farmacie, pharmacy
farmacist, pharmacist
farmacocinetică, pharmacokinetics
farmacodependenţă, drug dependance
farmacogenetică, pharmacogenetics
farmacologie, pharmacology
farmacovigilenţă, drug surveillance
fascicul, fascicle ; bundle
– **fasciculul His**, His bundle
fasciculaţie, fasciculation

fascie, fascia
– **fascia atrioventriculară**, atrioventricular bundle
fatal, fatal
faţă, face
– **în faţa**, in front of
faţetă, facet
favism, favism
favus, favus
febră, fever
– **febră biloasă hemoglobinurică**, blackwater fever
– **febră eruptivă**, spotted fever
– **febră de fân**, hay fever
– **febră galbenă**, yellow fever
– **febră persistentă**, remittent fever
– **febră recurentă**, relapsing fever
– **febră recurentă africană**, – African tick fever
– **febră remitentă**, remittent fever
– **febră terţă**, tertian fever
– **febră tifoidă**, thyphoid fever
febril, febrile, feverish
fecalom, fecal impactation ; stercolith
fecundare, fecundation
fecunditate, fecundity
felie, slice
femeie, woman
femelă, female
femur, femur ; thigh bone
femural, femoral
fenilcetonurie, phenolketonuria
fenotip, phenotype
ferăstrău, saw
fereastră, window
ferm, steady
fermentaţie, fermentation
feroce, fierce
fertilitate, fertility
fertilizare, fertilization
fese, buttock ; nates
fesier, gluteal
fetal, fetal
fetişism, fetichism
fetor, fetor
fetus, fetus
fiabil, reliable
fibră, string ; fiber
– **fibră musculară netedă**, smooth muscle fiber
– **fibră musculară striată**, striated muscle fiber
– **fibră nervoasă centrifugă**, centrifugal nerve fibre
– **fibră nervoasă mielinizată**, medullated nerve fibre
– **fibre musculare rapide**, fast muscle fibers
fibrilaţie, fibrillation
fibrină, fibrin
fibroblast, fibroblast
fibrocartilaj, fibrocartilage
fibrocondrită, fibrochondritis

fibroelastoză, fibroelastosis
fibrom, fibroma
– **fibrom uterin**, fibroid
fibromatoză plantară, plantar fibromatosis
fibromiom, fibromyoma
fibros, fibrous
fibrosarcom, fibrosarcoma
fibroză, fibrosis
fibrozită, fibrositis
fibulă, fibula
ficat, hepar ; liver
– **ficat nodular**, hobnail liver
fiecare, every
– **în fiecare zi**, every day
fier, iron
fierbere, boiling
fierbinte, scalding
fiică, daughter
filament, filament
– **filament glisant**, sliding filament
filum terminale, filum terminale
filaria, filaria
filială, subsidiary
filiaţie, lineage
filiform, filiform
filtrare, filtration
filtru, filter
fimbrie, fimbria
fin, fine
final, final ; ending
fiolă, flask
fior, thrill
fir, thread
– **fir gros**, thick filament
– **fir metalic**, wire
– **fir de păr**, hair
firmă de medicamente, drug agency
fisiune binară, binary fission
fistulă, fistula–
fişa pacientului, patient chart
fişier, file
fixare, uptake
fizician, physicist
fiziologie, physiology
fizioterapie, physiatrics
flacon, vial
flagel, flagellum
flagelare, flagellation
flasc, flaccid ; flobby
flatulenţă, flatulence
flatuozitate, flatus
flebectomie, phlebectomy
flebită, phlebitis
flebografie, venography
flebotonic, phlebotonic
flexie, flexion
flexor, flexor
flictenular, phlyctenular
fluctuaţie, fluctuation
fluidifiant, mucolytic
fluierat, hissing
fluierătură, whistle
fluor, fluorine
fluoresceină, fluoresceine
fluorizare, fluoridation
fluoroscopie, fluoroscopy
flutter, flutter

flux, flux ; flow
foame, hunger
- **foame dureroasă**, hunger pain
foarfece, scissors
fobie, phobia
focar, focus
folicul, follicle
- **folicul pilos**, hair follicle
folicular, follicular
folosit, used
folosinţă, use
- **de unică folosinţă**, disposable
fonaţie, phonation
foniatrie, phoniatrics
fonocardiograf, phonocardiograph
fonocardiogramă, phonocardiogram
fontanelă, fontanelle
foramen, foramen
forceps, forceps
a forma un număr de telefon, to dial
formal, formal
formă, shape
- **formă de cârlig**, hooklike
formular, form
- **formular de completat**, form to fit out
formulă, formula
- **formula leucocitară**, differential leucocyte count
- **formula sangvină completă**, complete blood count
fornix, fornix
forţă, strength
- **forţă electromotoare**, electromotive force
fosă, fossa
fosetă, dimple ; pit
fosfat, phosphate
fosfatază acidă, acid phosphatase
fosfaturie, phosphaturia
fosfolipid, phospholipid
fosfonecroză, phosphonecrosis
fotobiologie, photobiology
fotochimioterapie, photochimiotherapy
fotofobie, photophobia
fotometru cu flacără, flame photometer
fotosensibilizare, photosensitization
fovea, fovea
fractură, fracture
- **fractură deschisă**, compound fracture
- **fractură în lemn verde**, greenstick fracture
- **fractură de stres**, stress fracture
fracţiune, fraction
fragil, fragile
fragilitate, fragility
- **fragilitate osoasă**, fragilitas ossium
fragment, fab
frate, brother

– **frate vitreg**, stepbrother
frână, brake
frecare, rub
frecvenţă, frequency
fren, frenulum ; frenum
frenic, phrenic
frenicectomie, phrenicectomy
freudian, freudian
freză, drill ; burr
frică, fear
a fricţiona, to rub down
fricţiune, friction
frig, cold
frigiditate, frigidity
frison, shiver ; chill
frontal, frontal
frotiu, smear
fructoză, fructose
fructozurie, fructosuria
frunte, forehead
fulminant, fulminating
fumat, smoking
funcţie, function
funcţionar, civil servant
fund, bottom ; fundus
– **fund de ochi**, eyeground
– **fundul de sac Douglas**, Douglas' pouch
fundamental, fundamental
fundaţie caritabilă, charity
fung, fungus
fungicid, fungicide
funiculită, funiculitis
funie, rope
funingine, soot
furculiţă, fork
furie, rage ; anger
furnică, ant
furnicătură, formication
a furniza, to provide
furt, steal
furuncul, furuncule
furunculoză, furunculosis
fusiform, fusiform
fuzionare, merger

G

galactocel, galactocele
galactoree, galactorrhea
galactoză, galactose
galactozemie, galactosemia
galben, yellow
galon (3,78 l în Statele Unite ; 4,54 l în Marea Britanie), gallon
galon (tresă), braid
galvanism, galvanism
galvanometru, galvanometer
gamaglobulină, gammaglobulin
gamet, gamete
gangliectomie, ganglionectomy
ganglion, ganglion
- **ganglion geniculat**, geniculate ganglion
- **ganglion limfatic**, lymph node
- **ganglion spinal**, spinal ganglion
- **ganglion stelat**, stellate ganglion

gangrenă, gangrene
gară, station
gardă de noapte, night watch
gargară, gurgling
gargarism, gargle
gargoilism, gargoylism
garnitură de etanşare, gasket
garou, garrot
gastrectomie, gastrectomy
gastric, gastric
gastrină, gastrin
gastrită, gastritis
gastrocel, gastrocele
gastroenterită, gastroenteritis
gastroenterostomie, gastroenterostomy
gastrojejunostomie, gastrojejunostomy
gastroliză, gastrolysis
gastropexie, gastropexy
gastroptoză, gastroptosis
gastroscop, gastroscope
gastrostomie, gastrostomy
gastrulaţie, gastrulation
gavaj, gavage
gaz, gas
- **gaz cu efect de seră**, greenhouse gas
- **gaz de eşapament**, exhaust fumes

– **gaz propulsor**, propellent-gas
gazdă, host
gaze, fart
gazos, gaseous
găleată, bucket
gâdilit, tickle
a gândi, to think
gât, throat
geană, eyelash
gel, gel
gelatină, gelatin
geloză, agar
a geme, to whine
gemeni, twins
– **gemeni heterozigoţi**, dizygotic twins
– **gemeni monozigoţi**, identical twins
gen, type
genă, gene
general, general
generaţie, generation
genetic, genetic
genetică, genetics
geniculat, geniculate
genom, genome
genotip, genotype
genu varum, bowleg
genunchi, knee
– **genunchi care se ating**, knock knees
– **genunchi instabil**, trick knee
geriatrie, geriatrics
germen, germ
germicid, germicide
gerontoligie, gerontology
gestaţie, gestation
gestionare, management
gheaţă, ice
a se ghemui, to squat
ghips, plaster
giardiază, giardiasis
gibozitate, hunchback
gigant, giant
gigantism, gigantism
ginecologie, gynecology
ginecomastie, gynecomastia
gingie, gum
gingival, gingival
gingivită, gingivitis
girus, gyrus
glabelă, glabella
gland (al penisului), glans
glandă, gland
– **glandă apocrină**, apocrine gland
– **glandă endocrină**, ductless glande
– **glandă mamară**, mammary gland
– **glandă salivară**, salivary gland
– **glandă sebacee**, sebaceous gland
– **glandă suprarenală**, adrenal gland
glaucom, glaucoma
glenoid, glenoid
gleznă, ankle
glicemie, glycemia

glicerină, glycerin
glicină, glycine
glicogen, glycogen
glicogeneză, glycogenesis
glicogenoliză, glycogenolysis
glicoliză, glycolysis
glicoproteină, glycoprotein
glicozurie, glycosuria
gliom, glioma ; neuroglioma
gliomiom, gliomyoma
glob ocular, eyeball
global, global ; overall
globulină, globulin
– **globulină antilimfocitară**, antilymphocyte globulin
glomerul, glomerulus
glomerulonefrită, glomerulonephritis
glomus carotidian, carotid body
glosectomie, glossectomy
glosită, glossitis
glosodinie, glossodynia
glosofaringian, glossopharyngeal
glosoplegie, glossoplegia
glotă, glottis
glucagon, glucagon
glucocorticoizi, glucocorticoids
glucoză, glucose
gluteal, gluteal
gluten, gluten
gnatic, gnathic
gol, empty ; bare
– **gol de memorie**, blanck
golire, emptying
gonadă, gonad
gonadotrop, gonadotrophic
gonadotropină, gonadotrophin
gonflat, bloated
gonococ, gonococcus
grad, grade
gradient, gradient
graf, graph
grafic, diagram
gram, gram
granular, granular
granulă, granule
granulocit, granulocyte
granulom, granuloma
granulomatoză, granulomatosis
gras, fat ; fatty
gratuit, free
grăsos, fatty
gratuit, complimentary
grav, severe
gravidă, gravid
gravitate, gravity
gravitaţie, gravity
greaţă, nausea
– **greţuri matinale (gravidice)**, morning sickness
grefă, graft
– **grefă osoasă**, bone graft
grefon, graft
greşeală, error
– **greşeală de neatenţie**, careless mistake
– **greşeală de ortografie**, misspelling

greţos, nauseating ; foul
greu, heavy
greutate, weight
– **greutate corporală**, body weight
– **greutate moleculară scăzută**, low-molecular weight
grilă, grid
gripă, flu ; grippe ; influenza
– **gripă aviară**, bird flu
grosier, rude
grosime, thickness
grup, group
gunoi, garbage
gură, mouth
– **gură la gură**, mouth-to--mouth
gust, taste
– **gust rămas**, after-taste
gustativ, gustatory
guşă, goiter
gută, gout
guturai, cold ; catharrh

H

haine, clothes
halenă fetidă, offensive breath
halitoză, halitosis
halogen, halogen
haluce, hallux
halucinaţie, hallucination
halucinogen, hallucinogen
handicapat, handicapped
haploid, haploid
haptenă, hapten
hardware, hardware
hartă, map
hărţuire, harassment
hebefrenie, hebephrenia
hectic, hectic
hedonism, hedonism
helioterapie, heliotherapy
heliu, helium
helix, helix
helmint, helminth
helmintiază, helminthiasis
helmintologie, helminthology
hem, heme
hemaglutinină, hemagglutinin
hemangiom, hemangioma
– **hemangiom cavernos**, cavernous hemangioma
hemartroză, hemarthrosis
hematemeză, hematemesis
hematină, hematin
hematinic, hematinic
hematocel, hematocel
hematocolpos, hematocolpos
hematocrit, hematocrit
hematologie, hematology
hematom, hematoma
– **hematom epidural**, epidural hematoma
– **hematom retroplacentar**, abruptio placentae
hematometrie, hematometra
hematometru, hematometra
hematomielie, hematomyelia
hematopoietină, hemopoietin
hematopoieză, hemopoiesis
hematoporfirină, hematoporphyrin
hematosalpingită, hematosalpinx
hematoxilină, hematoxylin
hematozoar, hematozoa
hematurie, hematuria
hemeralopie, hemeralopia ; nyctalopia

hemianopsie, hemianopsia
– **hemianopsie bitemporală**, bitemporal hemianopsia
hemiatrofie, hemiatrophy
hemibalism, hemiballismus
hemicolectomie, hemicolectomy
hemicranie, hemicrania
hemipareză, hemiparesia
hemiplegie, hemiplegia
hemizigot, hemizygous
hemocitometru, hemocytometre
hemoconcentraţie, hemoconcentration
hemocromatoză, hemochromatosis
hemodializă, hemodialysis
hemofilic, hemophiliac
hemofilie, bleeder ; hemophilia
hemoftalmie, hemophthalmia
hemoglobină, hemoglobin
hemoglobinometru, hemoglobinometer
hemoglobinurie, hemoglobinuria
hemolitic, hemolytic
hemoliză, hemolysis
hemolizină, hemolysin
hemopericard, hemopericardium
hemoperitoneu, hemoperitoneum
hemoptizie, hemoptysis
hemoragie, hemorrhage
– **hemoragie ocultă**, occult blood
– **hemoragie subdurală**, subdural hemorrhage
– **hemoragie uterină**, flooding
hemoroidectomie, hemorrhoidectomy
hemoroizi, hemorrhoids ; piles
hemostatic, hemostatic
hemostază, hemostasis
hemotorax, hemothorax
heparină, heparin
hepatectomie, hepatectomy
hepatic, hepatic
hepatită, hepatitis
hepatizare, hepatization
hepatocel, hepatocele
hepatolenticular, hepatolenticular
hepatom, hepatoma
hepatomegalie, hepatomegaly
hepatosplenomegalie, hepatosplenomegaly
hermafrodit, hermaphrodite
hernie, hernia
– **hernie diafragmatică**, diaphragmatic hernia
– **hernie de disc**, herniated disk ; prolapsed disk ; slipped disk
– **hernie hiatală**, hiatus hernia
hernioplastie, hernioplasty

herniorafie, herniorrhaphy
herniotomie, herniotomy
heroină, heroin
herpangină, herpangina
herpes, herpes
– **herper zoster**, (herpes) zoster
herpetic, herpetic
herpetiform, herpetiform
heteroforie, heterophoria
heterogrefă, heterograft
heterolog, heterologous
heterotropie, heterotropia
heterozigot, heterozygous
hialin, hyaline
hialoid, hyaloid
hibrid, hybrid
hidartroză, hydrarthrosis
hidatiform, hydatiform
hidradenită, hidradenitis
hidratare, hydration
hidrocarbură, hydrocarbon
hidrocefalie, hydrocephalus
hidrocel, hydrocele
hidrocortizon, hydrocortisone
hidrofobie, hydrophobia
hidrogen, hydrogen
hidroliză, hydrolysis
hidrometrie, hydrometra
hidrometru, hydrometer
hidronefroză, hydronephrosis ; nephrohydrosis
hidropatic, hydropathic
hidropericard, hydropericardium
hidroperitoneu, hydroperitoneum
hidropizie, dropsy
hidropneumotorax, hydropneumothorax
hidropsie, hydrops
hidrosadenită, hidradenitis
hidrosalpinx, hydrosalpinx
hidroterapie, hydrotherapy
hidrotorax, hydrotorax
hidroză, hidrosis
higrometru, hygrometer
higroscopic, hygroscopic
hil, hilum
hilar, hilar
himen, hymen
himenotomie, hymenotomy
himeră, chimera
hiper-, hyper-
hiperaciditate, hyperacidity
hiperactivitate, hyperactivity
hiperaldosteronism, aldosteronism
hiperalgezie, hyperalgesia
hiperbar, hyperbaric
hiperbilirubinemie, hyperbilirubinemia
hipercalcemie, hypercalcemia
hipercapnie, hypercapnia
hipercheratoză, hyperkeratosis
hiperchinezie, hyperkinesis
hiperclorhidrie, haperchlorhydria
hipercolesterolemie, hypercholesterolemia
hipercromie, hyperchromia
hiperemie, hyperemia

hiperestezie, hyperesthesia
hiperexcitabilitate, hyperexcitability
hiperextensie, hyperextension
hiperfagie, hyperphagia
hiperflexie, hyperflexion
hiperforie, hyperphoria
hiperglicemie, hyperglycemia
hipergonadism, hypergonadism
hiperhidroză, hyperhidrosis
hiperkaliemie, hyperkalemia
hiperlaxitate articulară, arthrochalasis
hiperlipemie, hyperlipemia
hiperlipoproteinemie, hyperlipoproteinemia
hipermetrop, longsighted
hipermetropie, hypermetropia ; farsightedness
hipermiotonie, hypermyotonia
hipermnezie, hypermnesia
hipermobilitate, hypermobility
hipernatremie, hypernatremia
hipernefrom, hypernephroma
hiperonicoză, hyperonychia
hiperparatiroidie, hyperparathyroidism
hiperpirexie, hyperpyrexia
hiperplazie, hyperplasia
hiperpnee, hyperpnea
hiperpolarizare, undershoot
hipersecreţie, hypersecretion
hipersensibil, hypersensitive
hipersensibilitate, hypersensitivity
hipersplenism, hypersplenism
hiperstimulare, hyperstimulation
hipertensiune, hypertension ; hyperpiesis
– **hipertensiune malignă**, malignant hypertension
hipertermie, hyperthermia
hipertimie, hyperthymia
hipertiroidie, hyperthyroidism ; hyperpituitarism
hipertonic, hypertonic
hipertonie, hypertonia
hipertricoză, hypertrichosis
hipertrofie, hypertrophy ; overgrowth
– **hipertrofie compensatorie**, compensatory hypertrophy
hiperventilaţie, hyperventilation
hipervolemie, hypervolemia
hipnotic, hypnotic
hipnotism, mesmerism
hipnoză, hypnosis
hipo-, hypo-
hipocalcemie, hypocalcemia
hipocamp, hippocampus
hipoclorhidrie, hypochlorhydria
hipocondriac, hypochondriac
hipocondrie, hypochondriasis
hipocondru, hypochondrium
hipocratic, hippocratic
hipocratism digital, clubbing
hipocrom, hypochromic

hipodermic, hypodermic
hipodermită, panniculitis
hipoestezie, hypoesthesia
hipofibrinogenemie, hypofibrinogenemia
hipofiză, hypophysis ; pituitary gland
hipofizectomie, hypophysectomy
hipoforie, hypophoria
hipofosfatazie, hypophosphatasia
hipofosfatemie, hypophosphatemia
hipogastric, hypogastric
hipogastru, hypogastrium
hipoglicemie, hypoglycemia
hipogonadism, hypogonadism
hipolipemiant, lipid-lowering agent
hipomanie, hypomania
hipomobilitate, hypomobility
hiponatremie, hyponatremia
hipoparatiroidie, hypoparathyroidism
hipopion, hypopyon
hipopituitarism, hypopituitarism
hipoplazie, hypoplasia
hipopotasemie, hypokalemia
hipoproteinemie, hypoproteinemia
hipoprotrombinemie, hypoprothrombinemia
hiposecreţie, hyposecretion
hipospadias, hypospadias
hipotalamus, hypothalamus
hipotensiune, hypotension ; hypopiesis
hipotermie, hypothermia
hipotiroidie, hypothyroidism
hipotonic, hypotonic
hipotonie, hypotonia
hipotrofie, underweight
hipotrombinemie, hypothrombinemia
hipovitaminoză, hypovitaminosis
hipoxie, hypoxia
hirsutism, hirsutism ; pilosis
histamină, histamine
histerectomie, hysterectomy
histerografie, hysterography
histeromiomectomie, hysteromyomectomy
histeropexie, hysteropexy
histerosalpingografie, hysterosalpingography
histerotomie, hysterotomy
histidină, histidine
histiocit, histiocyte
histochimie, histochemistry
histogeneză, histogenesis
histologie, histology
histoplasmoză, histoplasmosis
HIV, HIV
hobby, hobby
hohot, sob
holeră, cholera
Holter EKG, ambulatory electrocardiographic monitoring

homeopatie, homeopathy
homeostazie, homeostasis
homeotermal, homeothermal
homolateral, homolateral
homosexualitate, homosexuality
homozigot, homozygous
hormon, hormone
– **hormonul adrenocorticotrop (ACTH)**, adrenocorticotrophic hormone (ACTH)
– **hormonul antidiuretic (ADH)**, antidiuretic hormone (ADH)
– **hormonul foliculostimulant (FSH)**, stimulating hormone (FSH)
– **hormonul luteinizant (LH)**, luteinizing hormone (LH)
– **hormonul tireotrop (TSH)**, thyrotrophin hormone (TSH)
a hrăni, to feed
hrănit cu biberonul, bottle fed
humerus, humerus
hygroma, hygroma

I

iatrogen, iatrogenic
icter, icterus ; jaundice
– **icter nuclear**, kernicterus
idee, idea
– **idee fixă**, monomania
identificare, identification
idiopatic, idiopathic
idiosincrazie, idiosycrasy
idioţie, idiocy ; amentia
– **idioţie amaurotică familială**, amaurotic familial idioty
ieftin, cheap
igienă, hygiene
ignifug, fireproof
a ignora, to ignore
ihtioză, ichtiosis
ilegitim, illegitimate
ileită, ileitis
ileocolostomie, ileocolostomy
ileon, ileum
ileorectal, ileorectal
ileostomie, ileostomy
ileus, ileus
iliococcigian, iliococcygeal
ilion, ilium
iluminare, illuminance
iluzie, illusion
imagine, image ; figure
– **imagine consecutivă**, after-image
imatur, immature
imediat, immediately ; straightaway
iminent, impending
imobilitate, immobility
imobilizat la pat, bedridden
impediment, impediment
imperforat, imperforate
implant, implant
implantare, implantation
implicare, involvement
implicat, involved
important, imporant ; hefty
imposibilitate, inability
impotenţă, impotence
impresie, impression
imprimantă, printer
impropriu, improper
impuls, impulse
a imputa, to ascribe
imun, immune
imunitar, immune
imunitate, immunity
– **imunitate încrucişată**, cross-immunity

imunizare, immunization
imunochimie, immunochemistry
imunodeficienţă, immunodeficiency
imunoelectroforeză, immunoelectrophoresis
imunofluorescenţă, immunofluorescence
imunogenetică, immunogenetics
imunoglobulină, immunoglobulin
imunologie, immunology
imunosupresie, immunosuppresion
a inactiva, to inactivate
inadaptare, maladjustment
inaniţie, inanition ; starvation
inapt, unfit
incapacitate, disability ; unfitness
incert, doubtful
incest, incest
inch (2,54 cm), inch
incipient, incipient
incisiv, incisor
incizie, incision
incizură, incisura
a include, to include
incluzie celulară, inclusion body
incoerent, incoherent
incomod, inconvenient
incompatibil, incompatible
incompatibilitate, incompatibility ; mismatch
insuficienţă, incompetence
– **insuficienţă aortică**, aortic incompetence
incomplet, incomplete
incongruenţe dentare, malalignment
inconştienţă, unconsciousness
incontinenţă, incontinence
– **incontinenţă nocturnă**, bedwetting
incrustaţie, incrustation
incubator, incubator
incubaţie, incubation
independent de, irrespective of
index (arătător), forefinger
index (indice), index
indicator, indicator
indicaţie, indication
indiciu, clue
indiferent, neutral
indigestie, indigestion
indispoziţie, malaise
individual, individual
indolent, indolent
indolor, indolent
inducţie, induction
induraţie, induration
indus, induced
ineficace, inefficacious
ineficient, ineffective
inegal, uneven
inel, ring
– **inel pericornean**, pericorneal ring
inelar, annular ; ring finger

inerţie, inertia
inervaţie, innervation
inevitabil, unavoidable
infantil, infantile
infantilism, infantilism
infarct, infarct ; infarction
- **infarct miocardic**, myocardial infarction
infarctat, infarcted
infecţie, infection
- **infecţie prin aerosoli**, droplet infection
- **infecţie bacteriană**, sepsis
- **infecţie nosocomială**, nosocomial infection
- **infecţie secundară**, cross-infection
- **infecţie supraadăugată**, cross-infection
infecţios, infectious
inferior, lower
infestare, infestation
infestat, verminous
infiltraţie, infiltration
infirm, disabled ; cripple
- **infirm motor cerebral**, motor brain cripple
infirmier(ă), nurse
infirmitate, infirmity
inflamaţie, inflammation
inflaţie, inflation
influenţă, influence
influx nervos, impulse
informat, aware
infra-, infra-
infraroşu, infrared
infraspinos, infraspinous
infundibulum, infundibulum
infuzie, infusion
ingestie, ingestion
inghinal, inguinal
inginer, engineer
inginerie, engineering
inhalare de cementuri plastice sau solvenţi, glue sniffing
inhalaţie, inhalation
inhibare, inhibition
- **inhibare reciprocă**, reciprocal inhibition
inhibitor, inhibitor
- **inhibitor de calciu**, channel blocker
- **inhibitor de monoaminoxidază (IMAO)**, monoamine oxidase inhibitor (MAOI)
- **inhibitori ai enzimei de conversie a angiotensinei**, angiotensin-converting enzyme inhibitors (ACEI)
inhibiţie, inhibition
inimă, heart
iniţial, initial
injectat, injected
injecţie, injection
- **injecţie de rapel**, booster injection
inoculare, inoculation
inofensiv, harmless ; innocuous
inoxidabil, stainless

insensibil, insensible
inserţie, insertion
insesizabil, elusive
insidios, insidious
insomnie, insomnia, sleeplessness
inspiraţie, inspiration
instabil, unsteady ; unstable
instabilitate psihomotorie, restlessness
instalaţie industrială, plant
instilaţie, instillation
instinct, instinct
instrument, instrument
insuficient, scanty
insuficienţă, insufficiency
- **insuficienţă aortică**, aortic insufficiency
- **insuficienţă cardiacă**, cardiac failure
- **insuficienţă cardiacă congestivă**, congestive heart failure
- **insuficienţă mitrală**, mitral regurgitation
- **insuficienţă renală**, kidney failure
- **insuficienţă vertebrobazilară**, vertebrobasilar insuficiency

insulă, islet
insulină, insulin
- **insulină retard**, delayed insulin

insulinom, insulinoma
insuportabil, unbearable
integral, whole
intelect, intellect
inteligent, clever
inteligenţă, intelligence
inter-, inter-
interarticular, interarticular
intercelular, intercellular
intercurent, intercurrent
interdicţie, ban
interfază, interphase
intermediar, intermediate
intermitent, intermittent ; on-off
intern, internal ; inner
internare, confinement
interosos, interosseous
interstiţial, interstitial
intertrigo, intertrigo
intertrohanterian, intertrochanteric
interval, interval
- **intervalul dintre prize**, dosing interval

interventricular, interventricular
intervertebral, intervertebral
intestin, intestine ; gut ; bowel
intestinal, intestinal
intoleranţă, intolerance
intoxicaţie, intoxication
- **intoxicaţie alimentară**, food poisoning
- **intoxicaţie cu monoxid de carbon**, carbon monoxide poisoning
- **intoxicaţie cu plumb**, lead poisoning

intra-, intra-

intraabdominal, intraabdominal
intraarticular, intraarticular
intracelular, intracellular
intracranian, intracranial
intracerebral, intracranial
intradermic, intradermal
intradural, intradural
intragastric, intragastric
intrahepatic, intrahepatic
intralobular, intralobular
intramedular, intramedullary
intramuscular, intramuscular
intraosos, intraosseous
intraperitoneal, intraperitoneal
intrare, inflow
intratecal, intrathecal
intratraheal, intratracheal
intrauterin, intrauterine
intravenos, intravenous
intrinsec, intrinsec ; inherent
introspecţie, introspection
introvertit, introvert
intubare, intubation
intumescenţă, intumescence
inulină, inulin
inundare, flood
invaginare, invagination ; intussusception
invalid, invalid ; cripple
invaliditate, disability
invazie, invasion
invaziv, invasive
invers, inverse
inversare de potenţial, overshoot
inversie, inversion
involucru, involucrum
involuţie, involution
iod, iodine
iodism, iodism
iodură, iodide
ion, ion
ionizare, ionization
ipostază, hypostasis
ipoteză, assumption ; hypothesis
ipsilateral, ipsilateral
iradiere, irradiation
ireductibil, irreducible
irelevat, irrelevant
iridectomie, iridectomy
iridociclită, iridocyclitis
iridoplegie, iridoplegia
iridotomie, iridotomy
irigaţie, irrigation
iris, iris
iritabilitate, irritability
iritant, irritant
ischemic, ischemia
ischemie, ischemia
ischion, ischium
isterie, hysteria
istm, isthmus
izbitură, bump
izoanticorpi, isoantibody
izolare, isolation ; insulation
izomer, isomer
izometric, isometric
izotop, isotope
– **izotop radioactiv**, radionuclide

Î

îmbătrânire, aging
îmbrăcăminte, garment
îmbucătură, mouthful
a împărţi, to share
împerechere, pairing ; mating
a se împiedica, to stumble
împreună, together
înainte, forwards
– **înainte de moarte**, ante-mortem
înalt, tall ; high
înălţime, height
înăuntru, inside
încărcare, unloading
încercare, trial
a închide, to shut
închistat, encysted
încredere, confidence
încrucişare, cross-over
îndatorire, duty
a îndemna, to urge
a (se) îndoi, to bend
îndulcitor, sweetener
înfometat, starved
îngenunchere, kneeling
îngheţat, frozen
a înghiţi, to swallow
înghiţire, swallowing
a îngriji, to attend
îngrijire la domiciliu, home care
îngrijiri prenatale, prenatal care
îngrijitor, carer ; caregiver
îngrijorare, worry
a îngropa, to bury
îngroşat, inspissated
îngust, strait
îngustare articulară, joint space narrowing
a înlătura, to discard
înlocuire, replacement
înmuiere, softening
a înregistra, to register ; to tape
înrudit, kindred
însărcinată, pregnant
a întări, to reinforce
întărire, strengthening ; hardening
a întâlni, to encounter
la întâmplare, at random
întârziere, delay
întins, extended

într-adevăr, indeed
întrebuinţare greşită, misure
întrerupător, switch
întretăiat, interspersed
înţelegere, comprehension ; understanding ; agreement
înţelept, wise
înţepătură de căpuşă, tick bite
înţepătură de insectă, insect sting
înţepături, tingling
înveliş, investment

J

joncţiune neuromusculară, neuromuscular junction
jos, low ; down
jugular, jugular
julitură, scrape
jumătate, half
– **jumătate de viaţă**, half life
junghi, twinge
jurisprudenţă, jurisprudence
jurnal, diary
a justifica, to warrant
juvenil, juvenil
juxtaarticular, juxta-articular

K

kala-azar, kala-azar
Keith-Flack (nodulul), sino-atrial node
kilomicron, chylomicron
kineplastie, kineplasty
kinază, kinase
kineziterapie, physical therapy ; physiotherapy
koilonichie, koilonychia
Koplik (semnul), Koplik's spot
kwashiorkor, kwashiorkor

L

labial, labial
labil, labile
labirint, labyrinth ; maze
labirintită, labyrintitis
laborator, laboratory
lacrimal, lacrimal
lacrimă, tear
lactalbumină, lactalbumin
lactat, lactate
lactaţie, lactation
lactază, lactase
lacteal, lacteal
lactescent, milkiness
lactic, lactic
lactifug, lactifuge
lactogen, lactogenic
lactoză, lactose
lacună, lacuna
lamă, blade
lambdoid, lambdoid
lambou, flap
– **lambou în Z**, Z flap
lamelă, lamella
lamina, lamina
laminectomie, laminectomy
lanolină, lanolin
lanţ, chain
laparoscop, laparascope
laparotomie, laparotomy
lapte, milk
– **lapte degresat**, skim milk
– **lapte integral**, whole milk
– **lapte maternizat**, humanized milk
– **lapte de vacă**, cow's milk
laptop, laptop
larg, wide ; extended
laringe, larynx
laringectomie, laryngectomy
laringian, laringeal
laringită, laryngitis
– **laringită striduloasă**, laryngismus stridulus
laringofaringe, laryngopharynx
laringologie, laryngology
laringospasm, laryngospasm
laringostenoză, laryngostenosis
laringotomie, laryngotomy
laringotraheobronşită, laryngotracheobronchitis
laser, laser
lat, large

latenţă, latency lag
lateral, lateral
lateralitate încrucişată, crossed laterality
latice, lattice
latură, side
lavaj, lavage ; enema
lax, lax
laxativ, laxative ; aperient
laxitate, laxity ; looseness
lăcrimare, lacrimation
lărgime, breadth
lărgire, widening
lărgit, broadened
lăţime, width
LCR, CSF
leagăn, cradle
lecitină, lecithin
lectură, reading
legat, bound
legătură, bond ; linkage ; binding
lege, law
 – **legea „tot sau nimic"**, all-or-none law
legumă, vegetable
leishmanioză, leishmaniasis
lemn, wood
lemnos, wooden
lenjerie, linen
 – **lenjerie de corp**, underwear
 – **lenjerie murdară**, dirty linen
 – **lenjerie de pat**, bedclothes
lent, slow ; sluggish
lenticular, lenticular
lentigo, lentigo
lentilă, lens
 – **lentilă de contact**, contact lens
leontiazis osos, leontiasis osea
lepră, leprosy
leprom, leproma
leptomeningită, leptomeningitis
leptospiroză, leptospirosis
lesbiană, lesbian
leşin, faint
letal, lethal
letargie, lethargy
leucemie, leukemia
 – **leucemie limfoidă**, lymphocytic leukemia
leucinoză, leucinosis ; maple syrup urine disease
leucocit, leukocyte
leucocitemie, leucocythemia
leucocitoză monocitară, monocytosis
leucodermie, leukodermia
leuconichie, leukonychia
leucopenie, leukopenia
leucoplastie, leukoplastia
leucopoieză, leukopoiesis
leucoree, leukorrhea
leucotomie, leukotomy
leukină, leukine
levuloză, levulose
levulozurie, fructosuria
levură, yeast
a leza, to injure

leziune, lesion
liber, vacant ; free
– **liber de**, free of
libertate, freedom
libido, libido
licenţă, license
lichen, lichen
lichid, liquor
– **lichid amniotic**, amniotic fluid
– **lichid de ascită**, ascitic fluid
– **lichid cefalorahidian (LCR)**, cerebrospinal fluid (CSF)
– **lichid intraocular**, intraocular fluid
– **lichid sinovial**, synovial fluid
ligament, ligament
– **ligamentul bifurcat**, bifurcate ligament
– **ligamentul lat al uterului**, broad ligament of uterus
– **ligamentul pectineal**, pectineal ligament
– **ligamentul rotund**, round ligament
ligatură, ligature ; ligation
limbaj, language
limbă, tongue ; glossa
– **limbă neagră**, nigriries linguae, lingua nigra
– **limbă saburală**, coated tongue
limfatic, lymph
limfadenită, lymphadenitis
limfangiectazie, lymphangiectasis
limfangiom, lymphangioma
limfangioplastie, lymphangioplasty
limfangită, lymphangitis
– **limfangită endemică tropicală**, elephantiasis
limfatic, lymphatic
limfocit, lymphcyte
limfocitemie, lymphocytemia
limfocitopenie, lymphocytopenia
limfocitoză, lymphocytosis
limfografie, lymphogram
limfogranulom, lymphogranuloma
limfoid, lymphoid
limfom, lymphoma
limforeticuloză benignă de inoculare, cat scratch fever
limfosarcom, lymphosarcoma
liminal, liminal
limită, borderline
– **peste limita normală**, above normal
linea, linea
a linge, to lick
lingual, lingual ; glossal
lingură, spoon
– **lingură de supă**, tablespoon
linguriţă, teaspoon
linie, line

- **linie izoelectrică**, baseline
- **linie mediană**, midline
- **linie telefonică directă**, hotline

linişte, quiet
liniştit, quiescent
linită plastică, linitis plastica
liofilizare, freeze-drying
lipază, lipase
lipemie, lipemia
lipid, lipid
lipitoare, leech
lipoatrofie, lipoatrophy
lipocondrodistrofie, lipochondrodystrophy
lipodistrofie, lipodystrophy
lipoid, lipoid
lipoidoză, lipoidosis
lipoliză, lipolysis
lipom, lipoma
lipoproteină, lipoprotein
lipsă, absence
listare, print
listă, list
litagog, lithagogue
litiază, lithiasis

- **litiază colecistică**, cholecystolithiasis
- **litiază renală**, nephrolithiasis

litic, lytic
litotomie, lithotomy
litotritor, lithotritor
litotriţie, litothrity
litru, liter
livid, livid
a livra, to deliver
livră, pound
liză, lysis
lizină, lysine
lizotip, phage typing
lizozim, lysozyme
lizozomal, lysosomal
lob, lobe
lobar, lobar
lobectomie, lobectomy
lobotomie, lobotomy
lobul, lobule
loc, place ; locus
local, local
localizare, location
localizat, localized
locular, loculated
lombar, lumbar
longevitate, longevity
lordoză, lordosis
loţiune, lotion
a lovi, to hit
lovitură, hit

- **lovitură de picior**, kick

luare de probe, sampling
luare în îngrijire, caring
lubrifiant, lubricant
lucid, lucid
lucios, glossy
lucru, work
luetă, uvula
lumânare, bougie ; candle
lumbago, lumbago
lumen, lumen
lumină, light

- **lumina zilei**, day light

lung, long
lungime, length
– **lungime de undă**, wavelength
lunulă, lunula
lupă, wen
luptă, fight ; struggle
lupus eritematos, lupus erytematosous
luteotrop, luteotropic
lux, luxury
luxaţie, luxation

M

macrocefal, macrocephalus
macrocheilie, macrocheilia
macrocit, macrocyte
macrocitar, macrocytic
macrodactilie, macrodactily
macrofag, macrophage
macroglobuliemie, macroglobulinemia
macroglosie, macroglossia
macromastie, macromastia
macromelie, macromelia
macromoleculă, macromolecule
macroscopic, macroscopic
macrostomie, macrostomia
maculopapular, maculopapular
magnet, magnet
magnetic, magnetic
major, major
malabsorbţie, malabsorbion
malacie, malacia
maladie, disease ; morbus
- **maladia Addison**, bronzed disease
- **maladia Alzheimer**, Alzheimer's disease
- **maladia Brinton**, linitis plastica
- **maladia hemolitică a nou-născutului**, erythroblastosis fetalis
- **maladia Steinert**, Steinert's disease
- **maladie constituită**, full-blown disease
- **maladie invalidantă**, disabling illness
- **maladie de sistem**, connective tissue disorders

malar, malar
malarie, malaria
maleolă, malleolus
malformaţie, malformation
malign, malignant
malnutriţie, malnutrition
malocluzie, malocclusion ; aclusion
malpoziţie, malposition
malpraxis, malpractice
maltază, maltase
maltoză, maltose
maltratare, maltreating
mamar, mammary

mamă, mother
mamelon, mamilla ; nipple
mamilară, mammilary
mamografie, mammography
mamoplastie, mammaplasty
mandibulă, mandible
manevra Valsalva, Valsalva's experiment
manie, mania
manierism, mannerism
manioc, cassava
manipulare, handling ; manipulation
manometru, manometer
manta, mantle
manual, manual
manubrium sternal, manubrium sternal
marasm, marasmus
marcare, labelling
marcă, mark
mare, big ; sea
margine, border
Marie-Sainton (sindromul), cleidocranial dysostosis
marijuana, marijuana
marjă de securitate terapeutică, safety margin
marker, marker
marketing, marketing
marsupializare, marsupialization
martor, witness
masaj, massage
masă, meal ; mass ; table
mască, mask
masculinizare, virilization
masochism, masochism
mastectomie, mastectomy
masticaţie, mastication
mastită, mastitis
mastocit, mast cell
mastodinie, mastodynia
mastoid, mastoid
mastoidectomie, mastoidectomy
mastoidită, mastoiditis
masturbare, masturbation
material, material ; stuff
– **material medical**, materia medica
maternitate, mothering
matitate, dullness
matrice, matrix
matur, mature
maturare, maturation
maturitate, ripeness
maxilar, maxillary ; maxilla
maxim, peak ; maximal
maximal, maximal
măduva spinării, spinal cord
măduvă osoasă, marrow
mănuşă, glove
mărime, size
mărul lui Adam, Adam's apple
măsură, measure
mătreaţă, dandruff ; scurf
mătură, broom
mână, hand ; manus
a mânca, to eat
mânecă, sleeve

mâncărime, itch, itching
meconiu, meconium
medianoscopie, medianoscopy
mediastin, mediastinum
medic, physician
- **medic curant**, attending physician
medicament, medicament ; drug ; medication
- **medicament experimental**, off label drug
medicinal, medicinal
medicină, medicine
- **medicină alternativă**, alternative medicine
- **medicină legală**, forensic medicine
- **medicină nucleară**, nuclear medicine
- **medicină perinatală**, perinatalogy
medicochirurgical, medicosurgical
medico-legal, forensic
medie, average
- **medie de supravieţuire**, medial survival
mediu, medial
- **mediu ambiant**, environment
medular, medullary
meduloblastom, medulloblastoma
meduză, jellyfish
megacariocit, megakariocyte
megacefalie, megacephalie
megacolon, megacolon
megafon, loud speaker
megaloblast, megaloblast
megalomanie, megalomania
meioză, meiosis
melancolie, melancholia
melanic, melanotic
melanină, melanin
melanom, melanoma
melanoză, melanosis
melasă, molasses
membrană, membrane
- **membrana celulară**, cell membrane
- **membrana timpanică**, myringa ; drumhead
membru, limb
- **membru-fantomă**, phantom limb
- **membru inferior**, lower limb
- **membru superior**, upper limb
memorie, memory
menarhă, menarche
meninge, meninges
meningeal, meningeal
meningiom, meningioma
meningism, meningism
meningită, meningitis
meningocel, meningocele
meningococemie, meningococcemia
meningoencefalocel, meningoencephalocele
menisc, meniscus

meniscectomie, meniscectomy
menopauză, menopause
menoragie, menorrhagia
menstre, menses
menstruaţie, menstruation
mental, mental
mentonier, mental
a menţine, to maintain ; to keep
menţinere, maintenance
a menţiona, to mention
mers, walk ; gait
- **mers clătinat**, waddling gait
- **mers împleticit**, drunken gait
- **mers propulsiv**, festinating gait

mesovarium, mesovarium
a mesteca, to chew
metabolic, metabolic
metabolism, metabolism
- **metabolism bazal**, basal metabolism

metacarp, metacarpus
metacarpian, metacarpal
metacarpofalangian, metacarpophalangeal
metafiză, metaphysis
metaforă, metaphore
metal, metal
metamorfoză, metamorphosis
metaplazie, metaplasia
metastază, metastasis
metatarsalgie, metatarsalgia
metatarsian, metatarsal
meteorism, meteorism
methemoglobină, methemoglobin
metionină, méthionine
metodă, method
metrită, metritis
metroragie, metrorrhagia
metru, meter
mezarterită, mesarteritis
mezencefal, mesencephalon ; midbrain
mezenchim, mesenchyme
mezenter, mesentery
mezenteric, mesenteric
mezoapendice, mesoappendix
mezocolon, mesocolon
mezoderm, mesoderm
mezonefrom, mesonephroma
mezovar, mesovarium
mezosalpinge, mesosalpinx
mezoteliom, mesothelioma
mezoteliu, mesothelium
mialgie, myalgia
miastenie, myasthenia
- **miastenia gravis**, myasthenia gravis

miază cutanată rampantă, creeping disease
mic, small
micetom, mycetoma
micotoxină, mycotoxin
micoză, mycosis
microb, microbe
microbiologie, microbiology

microcefalic, microcephalic
microchirurgie, microsurgery
microcit, microcyte
microcitemie, microcythemia
microftalmie, microphthalmos
microglie, microglia
micrognaţie, micrognathia
microgram, microgram
micrometru, micrometer
microorganism, microorganism
microscop, microscope
 – **microscop cu baleiaj**, scanning microscope
 – **microscop cu contrast de fază**, phase-contrast microscope
microscopie electronică, electronic microscopy
microsferocitoză ereditară, hereditary spherocytosis
microtom, microtome
microzom, microsome
micţiune, micturition ; emiction ; urination
midriază, mydriasis
mielină, myelin
mielită, myelitis
mielocel, myelocele
mielocit, myelocyte
mielogramă, myelogram
mieloid, myeloid
mielom, myeloma
mielomatoză, myelomatosis
mielomeningocel, myelocele
mielopatie, myelopathy
mieloscleroză, myelosclerosis
miere, honey
miez, core
 – **miezul nopţii**, midnight
migrenă, migraine
mijloc, way
 – **mijloace de trai**, livelihood
mijlociu, mean
miliar, miliaria
miliard, billion
milicurie, millicurie
miligram, milligram
mililitru, milliliter
milimetru, millimeter
 – **milimetru cub**, cubic millimeter
milium, milium
mimetism, mimicry
minciună, lie
mineral, mineral
minor, minor
minus, minus
minuscul, tiny ; minute
minut, minute
miocard, myocardium
miocardic, myocardial
miocardită, myocarditis
miofibrilă, myofibril
miogen, myogenic
mioglobină, myoglobin
miom, myoma
miomectomie, myomectomy
miometru, myometrium
miop, myope ; shortsighted

miopatie, myopathy
miopie, near-sightedness
miosarcom, myosarcoma
miotic, myotic
miotomie, myotomy
miotonie, myotony
– **miotonie atrofică**, myotonia dystrophica
miozină, myosin
miozis, myosis
miozită, myositis
– **miozită osificantă**, myositis ossificans
miringită, myringitis
miringoplastie, myringoplasty
miringotomie, myringotomy
miros, odor ; smell
mişcare, movement
– **mişcare rapidă a ochilor**, Rapid Eye Movement (REM)
mitocondrie, mitochondria
mitoză, mitosis
mitral, mitral
mixedem, myxedema
mixom, myxoma
mixosarcom, myxosarcoma
mixt, mixed
moale, gentle
moale, soft
moarte, death
– **moarte cerebrală**, cerebral palsy
– **moarte subită**, sudden-death
– **moartea subită a nou-născutului**, sudden infant death syndrome
moaşă, midwife
mobil, mobile
mobilitate, motion
mod de viaţă, life style
mod de utilizare, instruction leaflet
modalitate, procedure
model, pattern
modelaj, molding
modiol, modiolus
mol, mole
molar de minte, wisdom tooth
molari, molar teeth
molaritate, molarity
moleculă, molecule
– **moleculă polară**, polar body
molet, calf
moliciune, puffiness
mongolism, mongolism
monitorizare, monitoring
monoblast, promonocyte
monocit, monocyte
monocitoză, monocytosis
monoclonal, monoclonal
monografie, monograph
mononevrită, mononeuritis
mononuclear, mononuclear
mononucleoză, mononucleosis
– **mononucleoză infecţioasă**, glandular fever
monoplegie, monoplegia
monorhid, monorchid
monozaharid, monosaccharide
montaj, mounting

morbid, morbid
morfină, morphine
morfologie, morphology
morgă, morgue ; mortuary
a mormăi, to mumble
mort, dead
mortal, deadly ; killing
mortalitate, mortality
mortinatalitate, stillbirth rate
morulă, morula
mostră, sample
motilitate, motility
motiv de îngrijorare, cause for concern
motor, motor
mozaic, mosaic
muchie, edge
mucilagiu, mucilage
mucină, mucin
mucoasă, mucosa
mucocel, mucocele
mucoid, mucoid
mucolitic, mucolytic
mucopurulent, mucopurulent
mucoasă, cell membrane
mucos, mucous
mucoviscidoză, mucoviscidosis ; fibrocystic disease
mucus, mucus
muguet, thrush
mulaj, molding
mult, (a) lot
multigestantă, multigravida
multilocular, multilocular
multipară, multipara
multiplu, multiple
muncă, work
muncitor, worker
muntele lui Venus, mons pubis
murdar, dirty
a muri, to die
muribund, dying ; moribund
murmur, murmur
muscă, fly
- **musca țeţe**, tsetse fly

muscular, muscular
muşcătură, bite
muşchi, muscle
- **muşchiul drept abdominal**, rectus abdominis muscle
- **muşchiul gastrocnemian**, gastrocnemius
- **muşchiul fesier**, gluteus muscle
- **muşchiul gluteu**, gluteus muscle
- **muşchiul sartorius**, sartorius muscle
- **muşchiul solear**, soleus muscle
- **muşchiul stapedius**, stapedius muscle

mut, mute
mutagen, mutagen
mutant, mutant
mutaţie, mutation
mutilare, mutilation
mutism, mutism

N

nanic, nanous
nanism, nanism
nanogram, milligamma
narcisism, narcissism
narcoanaliză, narcoanalysis
narcolepsie, narcolepsy
narcotic, narcotic
narcoză, narcosis
National Standards Authority of Ireland, NSAI
nară, nostril
narină, nare ; nostril
nas, nose
năpârlire, shedding
naştere, birth ; childbirth ; delivery ; parturition
– **naştere fără dureri**, painless childbirth
– **naştere naturală**, natural childbirth
natalitate, natality
navicular, navicular
nazal, nasal
nazofaringe, nasopharynx
nazofaringian, nasopharingeal
nazolacrimal, nasolacrimal
nămol, mud
născut, born
– **născut mort**, stillborn
nearticulat, inarticulate
neaşteptat, unexpected
nebun, mad
nebunie, madness
a necesita, to require
neclar, unclear
necomestibil, inedible
necoordonare, incoordination
necropsie, necropsy
necrotic, necrotic
necrozat, necrosed
necroză, necrosis
necunoscut, unknown
nefelion, nebula
nefrectomie, nephrectomy
nefrită, nephritis
nefroblastom, nephroblastome
nefrocalcinoză, nephrocalcinosis
nefrocapsulectomie, nephrocapsulectomy
nefrolitotomie, nephrolithotomy

nefrom, nephroma
nefron, nephron
nefropexie, nephropexy
nefroptoză, nephroptosis
nefroscleroză, nephrosclerosis
nefrostomie, nephrostomy
nefrotic, nephrotic
nefrotomie, nephrotomy
nefroureterectomie, nephro-ureterectomy
nefroză, nephrosis
neg, wart
- **neg plantar**, plantar wart

a nega, to deny
negare, negation
negativ, negative
negativism, negativism
a neglija, to overlook
neglijență, negligence
negricios, nigrescent
negru, black
neinflamabil, fireproof
neîndemânatic, awkward ; clumsy
nematod, nematode ; threadworm
nemâncare, fast
pe nemâncate, fasting
nenăscut, inborn
nenumit, innominate
neonatal, neonatal
neoplasm, neoplasm
nepalpabil, impalpable
nepotabil, undrinkable
neregulat, fitful
nerv, nerve
- **nerv splanhnic**, splanchnic nerves
- **nerv abducens (oculomotor extern)**, abducens nerve
- **nerv circumflex**, circumflex nerve
- **nerv crural**, femoral nerve
- **nerv facial**, facial nerve
- **nerv femural**, femoral nerve
- **nerv oculomotor comun**, oculomotor nerve
- **nerv pneumogastric**, pneumogastric nerve
- **nerv rahidian**, spinal nerve
- **nerv senzitiv**, sensory nerve
- **nerv trigemen**, trigeminal nerve
- **nerv trohlear**, trochlear nerve
- **nerv vag**, vagus nerve
- **nervi splanhnici**, splanchnic nerves

nervos, nervous
- **depresie nervoasă**, nervous breakdown

nespus, unsaid
a netezi, to flatten
neural, neural
neurastenie, neurasthenia
neurectomie, neurectomy
neurilemă, neurilemma
neurinom, neurinoma

– **neurinom de acustic**, acoustic neuroma
neuroblastom, neuroblastoma
neurochirurgie, neurosurgery
neurodermatită, neurodermatitis
neuroepiteliu, neuroepithelium
neurofibrom, neurofibroma
neurofibromatoză, neurofibromatosis
neuroleptic, neuroleptic
neurolog, neurologist
neurologie, neurology
neuron, neuron
neuropatic, neuropathic
neuropatie, neuropathy
– **neuropatie acrodistrofică**, acrodystrophic neuropathy
– **neuropatie cu degenerescenţă retrogradă**, dying-back neuropathy
neuroplastie, neuroplasty
neuropraxie, neurapraxia
neurorafie, neurorrhaphy
neurotmesis, neurotmesis
neurotomie, neurotomy
neurotransmiţător, neurotransmitter
neutilizare, disuse
neutrofil, neutrophil
neutropenie, neutropenia
nev, nevus
neverosimil, unlikely
nevetă, shuttle
nevoie, need ; requirement
– **nevoie imperioasă**, urgency
nevralgie, neuralgia
– **nevralgie brahială**, brachial neuralgia
– **nevralgie trigeminală**, trigeminal neuralgia
nevrectomie, neurectomy
nevrită, neuritis
– **nevrită optică retrobulbară**, retrobulbar optic neuritis
nevrodermită, neurodermatitis
nevroglie, glia ; neuroglia
nevrom, neuroma
nevrotic, neurotic
nevroză, neurosis
– **nevroză anxioasă**, anxious neurosis
– **nevroză psihică**, psychoneurosis
nicovală, incus
nicturie, nocturia
nidare, nidation
nimfomanie, nymphomania
nisip, sand
nistagmus, nystagmus
– **nistagmus oscilant**, oscillating nystagmus
– **nistagmus rezilient**, resilient nystagmus
nitrogen, nitrogen
nivel, level
noapte, night
nociv, detrimental ; harmful ; noxious

nocturn, nocturnal
nod, knot ; node
- **nodul lui Heberden**, Heberden's node
nodozitate, nodule
nodul, nodule
- **nodulul sinoatrial**, sinoatrial node
noma, cancrum oris
noradrenalină, norepinephrine
normal, normal
normoblast, normoblast
normocit, normocyte
nosofobie, nosophobia
nosologie, nosology
notă de plată, expense bill
nou-născut, newborn ; neonate
nuclear, nuclear
nucleat, nucleated
nucleol, nucleolus
nucleoproteină, nucleoprotein
nucleotid, necleotid
nucleu, nucleus
- **nucleu acromatic**, achromatic spindle
- **nucleu arcuat**, arcuate nucleus
nud, naked
nulipară, nullipara
număr, number
numărare, count
numărătoare, counting
nume, name
- **nume de familie**, surname
- **nume de domnişoară**, maiden name
numulat, nummulated
nutaţie, nutation
nutriţie, nutrition

O

obezitate, obesity
obicei, habit
 – **obicei alimentar**, food behavior
obiect, object
obiectiv, objective
obişnuinţă, habit
obligatoriu, compulsory ; mandatory
obligaţie, commitment
oboseală, tiredness
obosit, tired
obraz, cheek
obsesie, obsession
obstetrical, obstetric
obstetrică, obstetrics ; midwifery
obstetrician, obstetrician
obstruat, clogged
obstrucţie, obstruction ; impatency
obturare, filling
obturator, obturator
occipital, occipital
ochelari, glasses ; spectacles
 – **ochelari bifocali**, bifocals
 – **ochelari de protecţie**, goggles
ochi, eye
ocitocic, oxytocic
ocitocină, oxytocin
ocluzie, occlusion
 – **ocluzie intestinală**, ileus
ocular, ocular
oculist, oculist
oculogir, oculogyric
ocupaţie, occupation
odontalgie, odontalgia
odontoid, odontoid
odontologie, odontology
odontom adamantin, odontoma adamentinum
oftalmic, ophthalmic
oftalmie, ophthalmia
oftalmolog, ophthalmologist
oftalmologie, ophthalmology
oftalmoplegie, ophthalmoplegia
oftalmoscop, ophthalmoscope
oftat, sigh
oglindă, mirror
olecraniu, olecranon
olfactiv, olfactory
oligodendroglie, oligodendroglia
oligoelement, trace element

oligomenoree, oligomenorrhea
oligospermie, oligospermia
oligotrofie, oligotrophia
oligurie, oliguria
olivă cerebeloasă, dentatum
ombilic, umbilicus
ombilical, umbilical
ombilicat, umbilicated
omentopexie, omentopexy
omfalită, omphalitis
omfalocel, omphalocele
omogen, homogeneous
omolog, homologous
omoplat, scapula
OMS (Organizaţia Mondială a Sănătăţii), WHO (World Health Organization)
omucidere, homicide
ondulant, undulant
onichie, onychia
onicocriptoză, onychocrypthosis
onicogrifoză, onychogryphosis
onicomicoză, onychomycosis
online, on line
onorariu, fees
oocit, oocyte
ooforectomie, oophorectomy
ooforită, oophoritis
ooforosalpingentomie, oophorosalpingectomy
oogeneză, oogenesis
opac, opaque
opacitate, opacity
operaţiune bursieră, share
opiaceu, opiate
opioid, opioid
opistotonus, opisthotonus
opiu, opium
oponent, opponent
oportunist, opportunistic
opozant, opponent
oprire, arrest ; discontinuation
opsonină, opsonin
optic, optic
optică, optics
optician, optician
optim, optimum
optometrie, optometry
oral, oral
– **pe cale orală**, orally
orar, schedule
orb, blind
orbicular, orbicular
ordin, command
ordonat, tidy
ordonată, ordinate
oreion, mumps
organ, organ
– **organe genitale**, genitalia
organic, organic
organism, organism
Organizaţia Mondială a Sănătăţii (OMS), World Health Organization (WHO)
orgasm, orgasm
orhidectomie, orchidectomy
orhidopexie, orchidopexy
orhiepididimită, epididymo-orchitis
orhiepididimită, orchiepididymitis
orhită, orchitis

orientare, guidance ; orientation
orificiu, orifice ; hole
- **orificiu efectuat cu freza**, burr hole
origine, origin
orjelet, sty ; hordeolum
ORL, ENT
ornitoză, ornithosis
orofaringe, oropharynx
orteză, orthosis
ortodonţie, orthodontics
ortopedie, orthopedics
ortostatic, orthostatic
os, os ; bone
- **oase casante**, brittle bones
- **os astragal**, talus
- **os hamat**, hamate bone
- **os lunatum**, lunate bone
- **os malar**, jugal bone
- **os navicular**, navicular os
- **os scafoid**, scaphoid bone
- **os semilunar**, lunate bone
- **os turbinat**, turbinate bones
- **os uncinat**, uncinate bone
- **os zigomatic**, zygomatic bone
osos, bone
oscilaţie, oscillation ; swing
osificare, ossification
osmol, osmole
osmolalitate, osmolality
osmotic, osmotic
osmoză, osmosis
osos, osseous
osteită, osteitis
osteoartrită, osteoarthritis
osteoartrotomie, osteoarthrotomy
osteoartroză, osteoarthrosis
osteoartropatie, osteoarthropathy
osteoblast, osteoblast
osteocartilaginos, osteochondral
osteocit, osteocyte
osteoclast, osteoclast
osteoclastom, osteoclastoma
osteoclazie, osteoclasis
osteocondrită, oseochondriris
osteocondrom, osteochondroma
osteodistrofie, osteodystrophy
osteofit, osteophyte
osteofonie, osteophony
osteogeneză, osteogenesis
osteolitic, osteolytic
osteomalacie, osteomalacia
osteomielită, osteomyelitis
osteopatie, osteopathy
osteopetroză, osteopetrosis
- **osteopetroză familială**, marble bone disease
osteoplastic, osteoplastic
osteoporoză, osteoporosis
osteosarcom, osteosarcoma
osteoscleroză, osteosclerosis
osteosinteză cu plăcuţă şi şuruburi, nail-plate fixation
osteotom, osteotome
osteotomie, osteotomy
ostium, ostium
otalgie, otalgia

otită, earache
- **otită generalizată**, panotitis

otomicoză, otomycosis
otorinolaringologie (ORL), otorhinolaryngology ; ear-nose-throat (ETN)
otoscleroză, otosclerosis
otoscop, auriscope ; otoscope
ototoxic, ototoxic
otravă, poison
oţel, steel
ou, egg
ovar, ovary
ovariectomie, ovariectomy
ovariotomie, ovariotomy
ovarită, ovaritis
ovarosalpingectomie, oophorosalpingectomy
oviduct, oviduct
ovocit, oocyte
ovogeneză, oogenesis
ovul, ovule
ovulaţie, ovulation
oxalurie, oxaluria
oxicefalie, oxycephaly
oxid de calciu, lime
oxidare, oxidation
oxigen, oxygen
oxigenare, oxygenation
oxihemoglobină, oxyhemoglobin
oximetru, oximeter
oxiur, pinworm
oxiuroză, enterobiasis ; oxyuriasis
ozenă, ozena
ozon, ozone

P

pacient, patient
– **pacient spitalizat**, inpatient
– **pacient în fază terminală**, terminally ill patient
păduche, louse (*pl.* lice)
– **păduche lat**, crab louse
pahar, glass
pahidermie, pachydermia
pahimeningită, pachymeningitis
pai, straw
palat, palate
palatoplegie, palatoplegia
paliativ, palliative
palidectomie, pallidectomy
pallidum, globus pallidus
palmar, palmar
palmă, palm
paloare, pallor
palpabil, tangible
palpare, palpation
palpitaţie, palpitation
paludism, paludism
panartrită, panarthritis
pancardită, pancarditis
pancreas, pancreas
pancreatectomie, pancreatectomy
pancreatină, pancreatin
pancreatită, pancreatitis
pancreozimină, pancreozymine
pandemic, pandemic
panglică, ribbon
panhipopituitarism, panhypopituitarism
paniculită, panniculitis
panoftalmie, panophthalmia
pansament, dressing
– **pansament ocluziv**, occlusive dressing
pantă, slope
pantof, shoe
papilă, papilla
– **papilă gustativă**, taste bud
– **papilă optică**, optic disk
papilită, papillitis
papilom, papilloma
papuci de casă, sleepers
papulă, papule
– **papulă edematoasă**, wheal
paracenteză, paracentesis

– **paracenteză timpanică**, myringotomy
paracetamol, acetaminophen
paracuzie, paracusia
parafimoză, paraphimosis
paragripal, parainfluenza
parainfluenza, parainfluenza
paralitic, paralytic
paralizat, cripple
– **paralizat (infirm motor) cerebral**, cerebral palsied
paralizie, palsy ; paralysis
– **paralizia vălului palatin**, palatoplegia
– **paralizie bulbară**, bulbar palsy
– **paralizie cerebrală**, brain death
– **paralizie diafragmatică**, phrenoplegia
– **paralizie facială**, facial paralysis
– **paralizie pseudobulbară**, pseudobulbar palsy
– **paralizie produsă prin presiunea exercitată de cârjă**, crutch paralysis
paramedian, paramedian
paramedical, paramedical
parametrită, parametritis
parametru, parametrium
paramnezie, paramnesia
paranazal, paranasal
paranoia, paranoia
paranoid, paranoid
paranteză (în), brackets (in-)
paraplegie, paraplegia
pararectal, pararectal
parasimpatic, parasympathic
parathormon, parathormone
paratifoid, parathyphoid
paratiroid, parathyroid
paravertebral, paravertebral
parazit, parasite
paraziticid, parasiticide
parenchim, parenchyma
parenteral, parenteral
parestezie, paresthesia
pareză, paresis
parietal, parietal
paritate, parity
Parkinson (boala), Parkinson's disease
parolă, password
paronichia, paronychia
parosmie, parosmia
parotidă, parotid
parotidită, parotiditis
paroxism, paroxysm
paroxistic, paroxysmal
parte, part
partenogeneză, parthenogenesis
parter, ground floor
particulă, particle
partiţie, partition
pas, step
– **pas cu pas**, step-by-step
pasiv, passive
pasteurizare, pasteurization
pastilă, pill
pat, bed

pată, spot ; blot
- **pată oarbă**, blind spot
- **pete apărute din cauza excesului de fluor**, mottling

patelectomie, patellectomy
patofobie, pathophobia
patogen, pathogenic
patogeneză, pathogenesis
patogenie, pathogenesis
patognomonic, pathognomonic
patologic, pathological
patologie, pathology
păianjen, spider
pământ, soil ; ground
- **pământ gras**, mould

păr, hair
părinţi, parents
- **părinţi adoptivi**, foster parents

păros, hairy
păstos, pasty
pătrat, square
pectină, pectin
pectoral, pectoral
pediatrie, pediatrics
pediatru, pediatrician
pedicul, pedicle
pediculat, pediculated
pediculoză, pediculosis
peduncul, pedoncle
pelagră, pellagra
peletă, pellet
peliculă, pellicule
pelvian, pelvic
pelvimetrie, pelvimetry
pemfigus, pemphigus
pendular, pendular
penetrare, penetration
penicilină, penicillin
penis, penis
pensă, clamp
pensetă, tweezers
pensionar, pensioner
pensionare, retirement
pentoză, pentose
pentozurie, pentosuria
pepsină, pepsin
peptic, peptic
peptidă, peptide
per cutan, transdermal
percepţie, perception ; apprehension
percuţie, percussion
- **percuţie toracică**, clapping

perdea, curtain
perete, wall
- **perete celular**, cell wall
- **perete despărţitor**, paries
- **perete toracic**, chest wall

perforaţie, perforation
perfuzie, perfusion
- **perfuzie intravenoasă**, intravenous infusion

periamigdalian, peritonsillar
periarterită, periarteritis
- **periarterită nodoasă**, periarteritis nodosa ; polyarteritis nodosa

periartrită, periarthritis
pericard, pericardium

pericardic, pericardial
pericardită, pericarditis
pericolită, pericolitis
pericondrită, perichondritis
pericondru, perichondrium
periculos, hazardous
perie, brush
periferic, peripheral
perilimfă, perilymph
perimat, outdated
perimetru, perimeter
perineal, perineal
perinefritic, perinephric
perineorafie, perineorrhaphy
perinerv, perineurium
perineu, perineum
perioadă, period
- **perioadă asimptomatică**, free interval
- **perioadă fără tratament**, washout period
- **perioadă prodromală**, prodromal period
- **perioadă refractară**, refractory phase

periost, periosteum
periostic, periosteal
periostal, periosteal
periostită, periostitis
perirectită, periproctitis
peristaltism, peristalsism
peritomie, peritomy
peritoneal, peritoneal
peritoneu, peritoneum
peritonită, peritonitis
periuretral, periurethral
permeabilitate, patency
- **permeabilitatea găurii ovale**, foramen ovale patency

permisivitate, permissiveness
a permite, to allow
pernă, pillow ; cushion
pernicios, pernicious
peroneu, fibula ; calf bone
peronier, peroneal
perseverenţă, perseveration
persistent, nagging
persoană în vârstă, elderly
persoană aflată în întreţinere, dependent
personal, staff
perspectivă, outlook
perspicacitate, insight ; shrewdness
a perturba, to disturb
perturbare, disturbance
pertusis, pertussis
pestă, plague
- **pestă bubonică**, bubonic plague

peşte, fish
peteşie, petechia
pH, pH
phlegmatia, phlegmasia
- **phlegmatia alba dolens**, alba dolens

pia mater, pia mater
pica, pica
picătură, drop
- **picătură cu picătură**, drop by drop
- **picături oculare**, eye drops

picior, leg

– **picior de atlet**, athlete's foot
– **picior încovoiat**, sag foot
– **picior plat**, flatfoot
picior (unitate de măsură – 0,305 m), foot (*pl.* feet)
picnic, pyknic
picnoză, pyknosis
a picura, dribble
piele, skin
pielită, pyelitis
pielografie, pyelography
pielolitotomie, pyelolithotomy
piemie, pyemia
piept, bust ; chest
pieptene, comb
pierdere, wastage
– **pierdere de căldură**, heat loss
pierdut din vedere, lost to follow up
pierdere, loss
– **pierderea cunoştinţei**, loss of consciousness
pietriş, gravel
pietros, petrous
pigment, pigment
– **pigment biliar**, bile pigment
pigmentare, pigmentation
pilă de unghii, nailfile
pilor, pylorum
piloric, pyloric
piloroplastie, pyloroplasty
pilos, hairy
pilulă, pill
– **pilulă microdozată**, minipill
pinocitoză, pinocytosis
pinten, spur
piodermită, pyoderma
piogen, pyogenic
piometrie, pyometra
pionefroză, pyonephrosis
pioree, pyorrhea
piosalpinge, pyosalpinx
pipetă, pipet
pipi, wee-wee
piramidă, pyramid
piramidal, pyramidal
pirexie, pyrexia
piridoxină, pyridoxin
pirogen, pyrogen
pirozis, pyrosis
pistă, track
pistrui, freckle
pitic, dwarf ; nanous
piticism, nanism
pitiriazis rozaceu, pityriasis rosea
piurie, pyuria
pix, ballpoint
placă motorie, motor end plate
placentă, placenta
– **placenta previa**, placenta previa
placentar, placental
plachetă sangvină, platelet
plagă, wound
plagiocefalie, plagiocephaly
plan, plan
planificare, planning

planning familial, familial planning
planşă anatomică, anatomical chart
planşeu, floor
plantar, plantar
plasă, net
– **plasă împotriva ţânţarilor**, mosquito net
plasmacitoză, plasmacytosis
plasmafereză, plasmapheresis ; plasma exchange
plasmă, plasma
plasmocit, plasma cell
plastic, plastic
plasture, patch
plat, flat
platelmint, flatworm
platfus, flatfoot
plămân, lung
plângăcios, weepy
a (se) plânge, to complain
plâns, cry
pleoapă, eyelid ; lid ; palpebra
pleomorfism, pleomorphism
pletismograf, plethysmograph
pleură, pleura
pleurezie, pleural effusion
plex, plexus
– **plexul brahial**, brachial plexus
– **plexul solar**, solar plexus
pliant, leaflet
plicatură, plica
plică, plica
plictisitor, boring
plin, full
pliu, fold
– **pliu cutanat**, skinfold
ploscă, bedpan
ploşniţă, bedbug
plumb, lead
plutitor, floating
pneumaturie, pneumaturia
pneumocel, pneumocele
pneumococ, pneumococcus
pneumoconioză, pneumoconiosis
pneumonectomie, pneumonectomy
pneumonie, pneumonia
– **pneumonie provocată de Legionelle pneumophilla**, legionnaire's disease
pneumopatie, pneumopathy
pneumoperitoneu, pneumoperitoneum
pneumotorax, pneumothorax
poartă, gate
– **control la poartă**, gate control
pocnet, clap ; click ; snap
podea, floor
poikilocitoză, poikilocytosis
pojar, roseola
poliartrită, polyarthritis
– **poliartrită reumatoidă**, rheumatoid arthritis
polichimioterapie, multiple drug treatment
polichistic, polycystic
policitemie, polycythemia

– **policitemia vera**, polycythemia vera
policondrită, polychondritis
polidactilie, polydactyly
polidipsie, polydipsia
poligon de susţinere, polygon of support
polimenoree, polymenorrhea ; epimenorrhea
polimiozită, polymyositis
polimorfism, polymorphism
polineuropatie, polyneuropathy
polinevrită, polyneuritis
polioencefalită, polioencephalitis
poliomielită, poliomyelitis
poliopie, polyopia
polip, polypus
polipoză, polyposis
polisialie, polysialya
politoxicomanie, multiple drug addiction
politraumatism, multiple injuries
poliurie, polyuria
polizaharid, polysaccharide
poluare, pollution
pomadă, pomade
pompă, pump
popliteu, popliteal
por, pore
porfirie, porphyria
porfirină, porphyrin
portac, needle holder
portal, portal
posibil, feasuble
posologie, posology
post-avort, postabortal
posterior, hind
postinfecţios, postinfectious
postmaturitate, postmaturity
post-micţiune, postvoiding
post-tratament, after-care
post vacant, vacancy
postural, postural
postură, stance
post-vaccin, postvaccinal
potasemie, blood potassium
potasiu, kalium
poştă, mail
potenţă, potency
potenţial, potential
– **potenţial de acţiune**, action potential
– **potenţial evocat**, evoked potential
– **potenţial de repaus**, resting potential
potrivire, matching
poveste, story
poziţie, position
– **poziţia în picioare**, upright
– **poziţie în cocoş de puşcă**, curled up position
– **poziţie genupectorală**, genupectoral position
pozitiv, positive
practică, practice

practician, practitioner
praf, dust
prag, threshold
– **prag renal**, renal threshold
(în) prealabil, beforehand
precanceros, precancerous
precauţie, caution
precedent, earlier
precizie, precision
precoce, early ; precocious
predispoziţie, proneness
prehensiune, grasping
prejudiciu, prejudice
prelevare, harvesting
prelungit, extended
prematur, premature
prematuritate, prematurity
premenstrual, premenstrual
premiu, award
premolar, premolar
prenatal, antenatal ; prenatal
prenume, christian name ; first name
prepuţ, prepuce ; foreskin
prescripţie, prescription
presistolă, presystole
presiune, pressure
– **presiune de retracţie elastică**, recoil pressure
a presupune, to assume
a pretinde, to claim
preţios, valuable
a preveni, to prevent
previziune, forecast
prezbiacuzie, presbyacusia
prezbiofrenie, presbyophrenia
prezbit, longsighted
prezbiţie, presbyopia
prezentare, presentation
prezentaţie frontală, brow presentation
prezentaţie vicioasă, malpresentation
prezervativ, condom
priapism, priapism
primar, primary
primăvară, spring
primipară, primipara
prim-plan, foreground
prim, first
– **prim ajutor**, first aid
– **primă alegere**, first line
principal, main
a privi, to look
privire, gaze
– **privire scurtă**, glance
proaspăt, fresh
proba călcâi-genunchi, heel to knee test
probabil, likely
probabilitate, likelihood
probe clinice, clinic trial
problemă, problem
procedeu, process
procesare, processing
– **procesarea datelor**, data processing
proces, process
proctalgie, proctalgia
proctectomie, proctectomy
proctită, proctitis
proctocel, proctocele

proctoscopie, proctoscopy
procubitus, prone
producere, yield
produs, product
– **produs alimentar**, foodstuff
– **produs intern brut**, gross domestic product
proenzimă, zymogen
profesional, occupational
– **boală profesională**, occupational disease
profilaxie, prophylaxis
profund, deep
profunzime, depth
progenitură, progeny
progerie, progeria
progesteron, progesterone
proglotis, proglottis
prognostic, prognosis
program, program
– **program complet**, full-time
programare, appointment
progres, progress
progresiv, progressive
proiect, project
proiectare, projection
prolactină, prolactin
prolaps, procidentia ; prolapse
promonocit, promonocyte
promontoriu, promontory
pronaţie, pronation
pronostic, outlook
proprioceptor, proprioceptor
propriu, own
propulsor, propellent
prost, silly
prostaglandină, prostaglandin
prostată, prostate
prostatectomie, prostatectomy
prostraţie, prostration
proteină, protein
proteinurie, proteinuria
proteoliză, proteolysis
proteză, prosthesis
– **proteză auditivă**, hearing aid
– **proteză dentară**, denture ; false teeth
protocol terapeutic, treatment regimen ; treatment schedule
protoplasmă, protoplasm
prototip, prototype
protoxid de azot, nitrous oxide ; laughing gas
protozor, protozoa
protrombină, prothrombin
protruzie oculară, proptosis oculi
protuberanţă, protuberance
protuberanţial, pontine
provitamină, provitamin
provizii, supplies
provocare, challenge
proximal, proximal
prudent, cautious
pruncie, infancy
prurit, pruritus
pseudartroză, pseudarthrosis
pseudomeningită, meningism

pseudopod, pseudopod
psihastenie, psychastenia
psihiatrie, psychiatry
psihogen, psychogenic
psiholog, psychologist
psihologie, psychology
psihopat, psychopath
psihopatologie, psychopathology
psihosomatic, psychosomatic
psihoterapie, psychotherapy
psihoză, psychosis
- **psihoză maniacodepresivă**, maniac-depressive psychosis
- **psihoză post-partum**, postpartum psychosis

psitacoză, psittacosis
psoită, psoitis
psoriazis, psoriasis
pterigion, pterigium
ptialism, ptyalism
ptoză, ptosis
pubertate, puberty
pubis, pubis
pudră, powder
pufnitură, sniffing
pulbere, powder
pulmonar, pulmonary
pulpă, pulp
pulpită, pulpitis
puls, pulse
- **puls alternant**, pulsus alternatum
- **puls bigeminal**, bigeminal pulse

pulsatil, throbbing
pulsaţie, pulsation
pulverizare, spray
pumn, fist
punct, point
- **punct al cotului unde nervul ulnar este cel mai superficial**, funnybone
- **punct de cotitură**, stitch in one's side
- **punct de presiune**, pressor point
- **punct de reper**, set point

puncţie, puncture
- **puncţie biopsie**, needle biopsy
- **puncţie cisternală**, cisternal puncture
- **puncţie lombară**, lumbar puncture
- **puncţie medulară**, marrow puncture

puntea lui Varolio, pons
pupilă, pupil
purice, flea
puroi, pus
purpură, purpura
- **purpură retiniană**, rhodopsin
- **purpură reumatoidă**, Henoch's purpura

a purta, to wear
purtător, carrier
purulent, purulent
puseu, flare

pustula maligna, pustula maligna
pustulă, pustule
putere, power
puternic, powerful ; strong
puţin, scarce
– **puţin fiabil**, unreliable
putrefacţie, putrefaction

R

rabie, rabies
raclaj faringian, clearing of throat
radial, radial
radianţă, radiant energy
radiaţie, radiation
- **radiaţie ionizantă**, ionizing radiation
- **radiaţii gama**, gamma ray
- **radiaţii slabe**, soft radiation
- **radiaţii ultraviolete**, ultraviolet rays

radical, radical
radiculită, radiculitis
radioactiv, radioactive
radioactivitate, radioactivity
radiobiologie, radiobiology
radiografie, radiography ; X-rays
- **radiografie toracică**, chest film

radiolog, radiologist
radiologie, radiology
radiosensibilitate, radiosensitivity
radioterapie, radiotherapy
raft, shelf
ragadă, rhagade
rahidian, spinal
rahis, spine
rahitism, rickets
- **rahitism vitaminorezistent**, resistant rickets

ral, rale ; rattle
- **raluri subcrepitante**, subcrepitant rale

ramolisment, malacia
ramură, ramus
rană, wound
- **rană provocată de armă albă**, stab wound

randament, performance
ranulă, ranula
rapel, recall
rapid, quick ; fast
raport, relationship ; report
- **raport cost-eficienţă**, cost-effectiveness
- **raport risc-beneficiu**, benefit ratio
- **raport sexual**, sexual intercourse

rar, sparse

rash, rash
rată, lien
- **rata natalităţii**, birth rate
- **rata de supravieţuire de un an**, one year survival rate
- **rată de creştere**, growth rate

raţie alimentară, allowance
raţionalizare, rationalization
rază, ray
- **raze alfa**, alpha rays

a răci, to catch a cold
răcire, cooling
rădăcină, radix ; root
- **rădăcină anterioară**, anterior root
- **rădăcină dorsală**, dorsal root
- **rădăcină pătrată**, square root

răguşit, raucous ; hoarse
a rămâne, to remain
a răni, to injure
rănit, wounded ; casualty
a răsfăţa, to pamper ; to cuddle
răspândit, widespread
răspuns, answer ; response
- **răspuns imun**, immune response

răsturnare, reversal
a răsuci, to wind
răşină implicată în schimbul de cationi, cation exchange resin
rătăcitor, wandering
rău de înălţime, altitude sickness ; mountain sickness
răutăcios, malicious
râios, scabietic
râs, laugh
- **râs sardonic**, risus sardonicus

reacţie, reaction ; response
- **reacţie dopa**, dopa reaction
- **reacţie medicamentoasă**, drug reaction
- **reacţie de trezire**, arousal reaction

reactiv, reagent ; reactive
reactivitate, reactivity
real, real
a realiza, to perform
realizat, carried out
reanimare, resuscitation
recaptare, reuptake
rece, cold ; cool
receptivitate, susceptibility
receptor, receptor
recesiv, recessive
recesus, recessive
reciclare, retraining
a recidiva, to recur
recidivă, recurrence
recipient, container ; jar
a reclama, to claim
recomandare, guideline
recombinare, recombination
recompensă, reward
recrutare, recruitment
rectal, rectal

rectită, proctitis
rectocel, rectocele
rectocolită ulcerohemoragică, ulcerative colitis
rectoscopie, rectoscopy
rectosigmoidectomie, rectosigmoidectomy
recunoaştere, recognition
recurenţă, recurrence
redactor, editor
redoare, stiffness
  – **redoarea cefei**, stiff-neck
reducere, lowering ; reduction
a reevalua, to reassess
reevaluare, reappraisal
referinţă, reference
referire, reference
reflex, reflex
  – **reflex bicipital**, biceps reflex
  – **reflex de clipire**, threat reflex
  – **reflex condiţionat**, conditioned reflex
  – **reflex cutanat abdominal**, abdominal reflex
  – **reflex gastrocolic**, gastrocolic reflex
  – **reflex medular**, spinal reflex
  – **reflex de mers automat**, stepping reflex
  – **reflex miotatic**, myotatic reflex ; stretch reflex
  – **reflex osteotendinos**, deep reflex
  – **reflex de prehensiune**, grasp reflex
  – **reflex tendinos**, jerk
  – **reflex tendinos ahilean**, tendon reflex
  – **reflex tricipital**, triceps reflex
reflexogramă, reflex time
  – **reflexogramă ahileană**, Achilles reflex time
reflux, reflux ; backflow
a reformula, to restate
refracţie, refraction
refrigeraţie, refrigeration
refulare, repression
refuz, refusal
regim, regimen
  – **regim cetogen**, ketogenic diet
  – **regim sărac în grăsimi**, low-fat diet
  – **regim de slăbire**, slimming diet
regional, regional
regiune, area
  – **regiune femurală**, tigh
  – **regiune precordială**, precordium
reglare, adjustment ; regulation
regresie, regression
regretabil, unfortunate
regulă, rule
regurgitaţie, regurgitation
reinhalarea aerului expirat, rebreathing

reintroducere, rechallenge
reînnnoire, turnover
rejet, rejection
a rejeta, to discard
relare, relapse
relaţie, relation
relaxant, pressure reducer
relaxină, relaxin
relevant, relevant
a relua, to resume
remediu, cure
remisie, remission
renal, renal
renină, renin
reparare, repair
repartiţie, distribution
– **repartiţie aleatorie**, random allocation
repartizat, allocated
repaus, rest
– **în repaus**, at rest
reper, landmark
a (se) repeta, to repeat
repetarea menstrelor, resumption of menses
repliat, withdrawn
repoziţionare, realignment
reprimare, repression
reproducere, reproduction
respingător, repellent
respiraţie, respiration ; breathing
– **respiraţie gură la gură**, kiss of life
– **respiraţie Kussmaul**, air hunger
respirator, respiratory
responsabil, responsible
responsabilitate, responsibility
resursă, resort
resuscitare, resuscitation
retard, retardation
– **retard staturoponderal**, retarded growth
retardat, feeble minded
retenţie, retention
reticenţă, reluctance
reticul endoplasmatic, endoplasmic reticulum
reticulat, reticular
reticulocit, reticulocyte
reticulocitoză, reticulocytosis
reticuloendotelial, reticuloendothelial
reticulosarcom, reticulum cell sarcoma
reticuloză retiiculosis
retină, retina
retinită, retinitis
retinoblastom, retinoblastoma
retinopatie, retinopathy
retortă, retort
retracţie, retraction
a retrage, to take off
retragere, shrinkage
– **retragerea unui medicament**, drug withdrawall
retras, retired
retroacţiune, (bio)feedback
retrofaringian, retropharyngeal

retrograd, retrograde
retroperitoneal, retroperitoneal
retur, retur
reţea, network
reumatism, rheumatism
- **reumatism articular acut**, rheumatic fever
reumatismal, rheumatic
revărsare, overflow
revistă de specialitate, journal
rezectoscop, resectoscope
rezecţie, resection
rezervor, pool ; tank
rezidual, residual
reziduu, residue
a rezilia, to cancel
rezină, resin
rezistent, resistant
- **rezistent la medicamente**, drug-fast
rezistenţă, resistance
- **rezistenţă încrucişată**, cross-resistence
rezoluţie, resolution
rezonanţă, resonance
- **rezonanţă magnetică nucleară (RMN)**, magnetic resonance (NMR)
rezultat de laborator, lab finding
rezumat, abstract ; summary ; synopsis
riboflavină, riboflavin
ribonuclează, ribonuclease
ricin, castor bean
ricketsie, rickettsia
ridat, wrinkled
a ridica, to raise
ridicat, erect
rigiditate, rigidity
- **rigiditate cadaverică**, rigor mortis
- **rigiditate de decerebrare**, decerebrate rigidity
rinichi, kidney
- **rinichi în potcoavă**, horseshoe kidney
rinită, rhinitis
rinoplastie, rhinoplasty
rinoree, rhinorrhea
rinoscopie, rhinoscopy
risc, risk ; hazard
ritm, rhythm
- **ritm circadian**, circadian rhythm
- **ritm galopant**, cantering rhythm
rizotomie, rhizotomy
roată dinţată, cog wheel
robinet, tap
rodopsină, rhodopsin
Roentgen, Roentgen
romboid, rhomboid
roncus, rhonchus
roşeaţă, redness
a roşi, to blush
rotaţie, rotation
a roti, to whirl
rotulă, patella
rotund, round
rozător, rodent

rubefiant, rubefacient
rubeolă, rubella ; German measles .
rugină, rugine
rujeolă, measles ; morbilli
rupia, rupia
rupt, broken
ruptură, rupture ; tear ; break
rută falsă, false passage
rutină, routine

S

sac, sac
sacoradiculografie, saccoradiculography
sacral, sacral
sacralizare, sacralization
sacrum, sacrum
sadism, sadism
safen, saphena
sagital, sagittal
salariu, salary
salivă, saliva
salivaţie, salivation
salpinge, salpinx
salpingectomie, salpingectomy
salt, jump ; leap
saltea, mattress
saluretic, saluretic
salvare, rescue
sanatoriu, sanatorium
a saponifica, to saponify
saprofit, saprophyte
sarcină, load ; task ; pregnancy
– **sarcină extrauterină**, extrauterine pregnancy
– **sarcină multiplă**, multiple pregnancy
– **sarcină prelungită**, post-term pregnancy
sarcoid, sarcoid
sarcoidoză, sarcoidosis
sarcolemă, sarcolemma
sarcom, sarcoma
sare, salt
– **săruri biliare**, bile salts
saturaţie, saturation
saturnism, plumbism
saţietate, satiety
savoare, flavor
sălbatic, wild
sănătate, health
– **sănătate publică**, sanitation
sănătos, healthy
– **sănătos mintal**, sane
săptămânal, weekly
săptămână, week
săpun, soap
sân, breast
sânge, blood
sângerare, bleeding
– **timp de sângerare**, bleeding time
sâsâială, lisping

scabie, scabies
scabios, scabiotic
scafocefalie, scaphocephaly
scafoid, navicular
scafoidită tarsiană, Köhler's disease
scală, scale
– **scală colorimetrică**, color chart
– **scală de autoevaluare**, self-rating scale
scalp, scalp
scalpel, scalpel
scamă, lint
scapulalgie, scapulalgie
scară, scale
scarlatină, scarlet fever
scaun, chair ; seat
– **scaun cu rotile**, wheel chair
– **scaun cu rotile acţionat manual**, handrim wheelchair
scaun (fecale), stools ; feces
– **scaun negru**, black stools
scădere, decrease ; lowering
scăpare, escape
scânteie, spark
schelet, skeleton
schemă corporală, body image
schimb, shift
– **muncă în schimburi**, shift work
– **schimb de noapte**, night shift
schimbare, change ; alteration
schir, scirrhus
schistozomiază, schistosomiasis
schizocit, schistocyte
schizofrenie, schizophrenia
Schwann (teaca), neurilemma
sciatalgie, sciatica
sciatică, sciatica
scibal, scybalum
scintigrafie, scintigraphy
– **scintigrafie osoasă**, bone scan
scintilaţie, scintillation
scizură, sulcus
sclere albastre, blue sclerotics
sclerită, scleritis
sclerodactilie, sclerodactylia
sclerodermie, sclerodermia
– **sclerodermie circumscrisă**, sclerodermia morphea
sclerotic, sclerotic
sclerotică, sclera
sclerotomie, sclerotomy
scleroză, sclerosis
– **scleroză diseminată**, disseminated sclerosis
– **scleroză laterală amiotrofică**, amyotrophic lateral sclerosis
– **scleroză în plăci**, multiple sclerosis
– **scleroză tuberoasă**, tuberous sclerosis
sclipire, flash

scobitoare, toothpick
scobitura gleznei, instep
scolex, scolex
scolioză, scoliosis
scop, aim ; purpose ; goal
scor, score
– **scor Apgar**, Apgar score
scorbut, scurvy
scotom, scotoma
scrot, scrotum
scrotal, scrotal ; oscheal
scrutin, ballot
scuamă, squama
scuamos, squamous
a scuipa, to spit
scund, short
scurgere, leakage ; discharge
– **scurgere poluantă**, effluent
scurt, short
scurtare, shortening
scurtcircuit, short circuit
scutec, diaper
seară, evening
sebaceu, sebaceous
seboree, seborrhea
– **seboreea scalpului copilului**, milk crust
secetă, drought
sechelă, sequela ; after-effect
sechestru, sequestrum
secretină, secretin
secreţie, secretion
– **secreţii nazale**, glanders
sector, branche
secţie (într-un spital), ward
secţiune, section
– **secţiune transversală**, cross-section
securitate, security ; safety
– **securitate rutieră**, road safety
secusă musculară, twitch
secvenţă, sequence
sedativ, sedative ; depressant
sedimente urinare, urinary sediments
segment Fowler, segmentum apicale
segmentar, segmental
segmentare, cleavage ; splitting
segregare, segregation
sejur, stay
selecţie, selection
semilunar, semilunar
seminom, seminoma
semn, mark ; sign
– **semne clinice**, clinical evidence
– **semne fizice**, manifestation
– **semnul Koplik**, Koplik's spot
semnal, cue, signal
– **semnal de alarmă**, warning signal
semnătură, signature
semnificativ, significant
semnificaţie, meaning
senescenţă, senescence
senil, senile

senilitate, senility
sensibil, sensitive ; tender
sensibilitate, sensibility
sensibilizare, sensitization
sensibilizat, sensitized
senzaţie, sensation ; feeling
senzorial, sensorial
separare, separation ; segregation
separat, apart
sepsie, sepsis
sept, septum
– **septul retrovezical**, rectovesical septum
septic, septic
septicemie, septicemia
septicopiemie, pyemia
ser, serum
– **ser antilimfocitar**, antilymphocyte serum
– **ser fiziologic**, physiological saline
serclaj, banding
serial, serial
seriat, serial
serie, series
seringă, syringe
seros, serous
seroterapie, serotherapy
serotonină, serotonin
serozitate, serosity
serpiginos, serpiginous
sertar, drawer
serviciu cu normă redusă, part-time job
servietă, briefcase
sesil, sessile
set, set
sete, thirst
sever, grim ; severe
sevraj, weaning
sex, sex
sfat, advice
sfâşiat, torn
sfenoid, sphenoid
sferocit, spherocyte
sferocitoză, spherocytosis
sfigmograf, sphygmograph
sfincterotomie, sphincterotomy
sfigmomanometru, sphygmomanometer
sfârşit, end
– **în sfârşit**, eventually
sforăit, snore
sialadenită, sialadenitis
sialogog, sialogogue
sialolit, sialolith
sialoree, polysialya
sicoză, sycosis
– **sicoză tricofitică**, barber's itch
SIDA, AIDS
siderofilină, iron binding protein
sideroză, siderosis
sifilidă, syphilide
sifilis, syphilis ; lues
– **sifilis neurologic**, neurosyphilis
sigmoid, sigmoid
sigmoidoscopie, sigmoidoscopy

sigmoidostomie, sigmoidostomy
sigur, secure
siguranţă, safety
silenţios, silent
silicoză, silicosis ; grinders' disease
Silverman (sindromul), battered child syndrome
simbioză, symbiosis
simbol, icon
simetrie, symmetry
simfiză, symphysis
simpatectomie, sympathectomy
simplu, simple ; plain
simptom, symptom
– **simptome prezente**, presenting symptom
simptomatologie, symptomatology
simţ, sense
a simţi, to feel
simulare, simulation
– **simularea unei boli**, malingering
simulator, simulator
simultan, concurrent
sinapism, mustard plaster
sinapsă, synapse
sinartroză, synarthrosis
sincondroză, synchondrosis
sincopă, syncope
– **sincopă prin hiperexcitabilitatea sinusului carotidian**, carotid sinus syncope
sincronizare, synchronozation
sindrom, syndrome
– **sindromul de ansă aferentă**, afferent loop syndrome
– **sindromul canalului carpian**, carpal tunnel syndrome
– **sindromul de colon iritabil**, irritable bowel syndrome
– **sindromul de creştere a rezistenţei căilor aeriene superioare**, upper airways resistance syndrome
– **sindromul de deconexiune interemisferică**, commisural syndrome
– **sindromul de detresă respiratorie**, respiratory distress syndrome
– **sindromul Down**, Down's syndrome
– **sindromul dublu Y**, XYY genotype
– **sindromul de dumping**, dumping syndrome
– **sindromul de efort**, effort syndrome
– **sindromul de epuizare profesională**, burn out syndrome
– **sindromul imunodeficienţei dobândite (SIDA)**, Immune Deficiency Syndrome (AIDS)

- **sindromul Silverman**, battered child syndrome
- **sindromul de strivire**, crush syndrome

sinechie, synechia
sinergie, synergy
sinistrocardie, sinistrocardia
sinoatrial, sinoatrial
sinovectomie, synovectomy
sinovită, synovitis
sintetic, synthetic
sinus, sinus
- **sinus cavernos**, cavernous sinus
- **sinus pilonidal**, pilonidal cyst
- **sinus sfenoidal**, sphenoidal sinus

sinusoidal, sinusoid
sinusoidă, sinusoid
sinuzită, sinusitis
siringomielie, syringomyelia
sirop, syrup
sistem, system
- **sistemul ABO**, ABO system
- **sistemul metric**, metric system
- **sistemul nervos autonom**, autonomic nervous system
- **sistemul nervos central (SNC)**, central nervous system (CNS)
- **sistemul nervos simpatic**, sympathetic nervous system
- **sistemul psihic**, psychic apparatus

sistemic, systemic
sistolă, systole
sistolic, systolic
site, site
slab, thin ; weak ; feeble
slăbiciune, thinness ; weakness
smalţ, enamel
smegmă, smegma
SNC (sistemul nervos central), CNS (central nervous system)
soare, sun
software, software
sol, soil
a sorbi, to sip
solicitant, demanding
solid, firm ; solid
soluţie, solution
- **soluţie salină**, saline

solvent, solvent
solz, squama
somatic, somatic
somn, sleep
- **somn paradoxal**, paradoxical sleep ; REM sleep (REMS)
- **somn cu unde lente**, slow wave sleep

somnambulism, somnambulism ; sleep-walking
somnifer, sleeping pill
somnolent, drowsy
somnolenţă, drowsiness

sondaj, probing
sondă, tube
- **sondă cu balon**, cuffed tube
- **sondă canelată**, grooved director
- **sondă nazoesofagiană**, nasogastric tube
soporific, soporific
soră, sister
- **soră vitregă**, stepsister
sort, apron
spa, spa
spasm, spasm
- **spasm carpopedal**, carpopedal spasm
- **spasm de torsiune**, torsion spasm
spasmolitic, spasmolytic
spastic, spastic
spasticitate, spasticity
spate, back
- **în spate**, backwards
spatulă, spatula
spaţiu, space
- **spaţiu mort**, dead space
- **spaţiu mort respirator**, dead volume
- **spaţiu pneumatic**, air space
spălare, washing
spălătură gastrică, gastric lavage
spătar, backrest
specialist, specialist
specie, species
specific, specific
specimen, specimen
spectrometrie, spectrometry
spectroscop, spectroscope
spectru, spectrum
- **spectru de acţiune**, action spectrum
speculum, speculum
speranţă, hope
- **speranţa de viaţă**, life expectancy
a speria, to scare
spermatocel, spermatocele
spermatogeneză, spermatogenesis
spermatozoid, spermatozoon ; zoosperm
spermă, sperm ; semen ; seminal fluid
spermicid, spermicide
spermogramă, semen analysis
spica, spica
spicul, spicule
spina calcaneană, calcaneal spur
spinal, spinal
spirograf, spirograph
spirometru, spirometer
spital, hospital
splenectomie, splenectomy
splenic, lienal ; splenic
splenomegalie, splenomegaly
splină, spleen
spondilită, spondylitis
spondilolistezis, spondylolisthesis

spondiloliză, spondylolisis
spondiloză, spondylitis
– **spondiloză anchilozantă**, ankylosing spondylitis
spongioză, spongiosis
sponsor, sponsor
spontan, spontaneous
sporadic, sporadic
sporotricoză, sporotrichosis
sport, sport
spray, spray
sprânceană, brow ; eyebrow ; supercilium
a sprijini, to support
spumă, foam
spumos, fronthy
spută, sputum
a stabili, to ascertain ; to set
– **a stabili bugetul**, to set the budget
stabilirea obiectivelor, goal setting
stadializare, staging
stadiu, stage
– **stadiu falic**, phallic phase
stafilom, staphyloma
stafilorafie, staphylorrhaphy
stand-by, stand-by mode
standard, standard
stapedectomie, stapedectomy
stare, state ; condition
– **stare anterioară**, previous state
– **stare civilă**, marital status
– **stare critică**, plight
– **stare fizică**, physique
– **stare de spirit**, mood
static, static
statistică, statistics
statură, stature
status, status
stază, stasis
stăpânire de sine, self-control
stânga, left
stângaci, lefthanded
stea, star
steatom, steatoma
steatoree, steatorrhea
steatoză, steatosis
Steinert (maladia), Steinert's disease
stem, stem
stenoză, stenosis
– **stenoză aortică**, aortic stenosis
– **stenoză mitrală**, mitral stenosis
– **stenoză pulmonară**, pulmonary stenosis
stepaj, equine gait
stercobilină, stercobilin
stereognozie, stereognosis
steril, sterile
sterilet, coil
sterilitate, infertility ; sterility
– **sterilitate feminină**, acyesis
sterilizare, sterilization
sternal, sternal
steroid, steroid
– **steroid anabolizant**, anabolic steroid

sterol, sterol
stetoscop, stethoscope
sticlă, bottle ; glass
- **sticlă mată**, ground glass
stigmat, stigma
stilet, stylet
stimă de sine, self-esteem
stimul, stimulus
stimulant, stimulant
stimulare, stimulation
stimulator cardiac, pacemaker
a stinge, to shut down
stofă, fabric
stomac, stomach
stomatită, stomatitis
- **stomatită aftoasă**, aphthous stomatitis
stop articular, joint stop
stop cardiac, cardiac standstill
strabism, strabismus ; squint
- **strabism convergent**, cross-eye
stradă, road ; street
strangulare, strangulation
strat, stratum ; layer
- **strat granular**, granular layer
- **strat spinos**, prickle-cell layer
strălucire, glitter
strălucitor, bright
străin, strange ; foreign
strămo, forefather
strănut, sneeze
stres, stress
strictură, stricture
a striga, to shout ; to scream
strigăt, shout
striu, stria
a strivi, to squash
stroma, stroma
structură, structure
studiu, study
stupefiant, narcotic
stupoare, stupor ; stupeur
sub, under ; below
- **sub normal**, subnormal
- **sub nivelul mediu**, below the mean
sub-, sub- ; under-
subacut, subacute
subalimentare, malnutrition
subarahnoidian, subarachnoid
subclavicular, subclavian
subdiafragmatic, subphrenic
subdural, subdural
suberoză, suberosis ; cork handler's disease
subiacent, subjacent ; underlying
subiect, subject
subiectiv, subjective
subit, sudden
subliminal, subliminal
sublingual, sublingual
a sublinia, to underline ; to emphasize
submaxilar, submaxillary
submucos, submucous
subsol, basement

subspinos, infraspinous
substanţă, substance
– **substanţa albă**, white matter
– **substanţa cenuşie**, gray matter
– **substanţă lipotropă**, lipotrophic substance
substitut, substitute
substituţie, replacement
substrat, substrate
subtotal, subtotal
subţire, thin
subunitar, subunit
suc, juice
– **suc gastric**, gastric juice
succes, success
succesiv, sequential
sucţiune, sucking
sucusiune, succussion
sudamina, sudamina
a suferi, to suffer
a-i sufla nasul, blow one's nose
suflet, soul
suflu, murmur
– **suflu carotidian**, carotid bruit
– **suflu de viaţă**, breath of life
a (se) sufoca, to choke
sugar (până la 12 luni), infant
sugestibilitate, suggestibility
sugestiv, suggestive
sughiţ, hiccup ; hiccough
suicid, suicide
sulcus, sulcus
sulf, sulfur
sulfamidă, sulfonamide
sunet, sound
supărare, sorrow
superfecundaţie, superfecundation
superficial, superficial
superior, superior ; upper
supinaţie, supination
suplimentar, further
supozitor, suppository
supraactivitate, overactivity
supraadăugare, overlay
supraalimentare, overfeeding
supracompensaţie, overcompensation
supraconsum, overconsumption
supradiagnostic, overdiagnosis
supradozare, surdose
supradoză, overdose
supraextensie, overextension
suprafaţă, surface
– **suprafaţă corporală**, body surface area
supraîncărcare, overloading
supraorbital, supraorbital
suprapubian, suprapubic
suprarenală (glandă), adrenal gland
suprarenalectomie, adrenalectomy
suprarenalian, adrenal

supraveghere, monitoring ; surveilance
supravieţuire, survival
supresie, suppression
suprimare, deletion
a supura, to suppurate
supuraţie, suppuration
sural, sural
surâs articular, joint mouse
surd, deaf
surditate, deafness
surdo-mut, deaf-mute
surfactant, surfactant
surjet, running suture
surmenaj, overstrain ; overstress
surmenat, overworked
surplus ponderal, overweight
sursă, source
susceptibilitate, susceptibility
suspendarea activităţii, abeyance
suspensie, suspension
susţinere, back up
susţinut, sustained
suşă, stem
sutien, bra
sutură, suture ; stitch
- **sutură coronală**, coronal suture
- **sutură sagitală**, sagittal suture
- **sutura serrata**, serrated suture

Ş

şale, loin
şancroid, chancroid
şancru, chancre
şansă, chance
şanţ, groove
şarlatan, quack
şarpe, snake
şchiopătat, lameness
şcoală, school
şoc, shock
 – **şoc apexian**, apex beat
 – **şoc rotulian**, patella impact
 – **şoc spinal**, spinal shock
şold, hip ; coxa
a şopti, to whisper
şosetă, sock
ştergere, deletion
ştiinţă, science
 – **ştiinţe fizice**, physical sciences
şuierătură, wheeze
şunt, shunt
şurub, screw

T

tabacheră anatomică, anatomical snuff-box
tabes, tabes
taburet, stool
tactil, tactile
tahicardie, tachycardia
taifas, chat
talamus, thalamus
talasemie, thalassemia ; Mediterranean anemia
talasoterapie, thalassotherapy
talidomidă, thalidomide
talie, waist
talpa piciorului, sole
tampon, buffer ; tampon ; wad
– **tampon de vată**, pledget
tamponadă, tamponade
tapotare, tapping
tardiv, late
tars, tarsus
tarsalgie, tarsalgia
tarsectomie, tarsectomy
tarsian, tarsal
tarsoplastie, tarsoplasty
tarsorafie, tarsorrhaphy
tartru, tartar
– **tartru dentar**, dental calculus
tastatură, keyboard
tată, father
taxinomie, taxinomy
a tăia, to cut
tăiere, cut
tăietură, cut
tânăr, young
a târî, to drag
teacă, theca ; sheath
– **teaca Schwann**, neurilemma
tecom, thecoma
tegument, tegument ; integument
tehnică, technique
telangiectazie, telangiectasis
telemetrie, telemetry
telepatie, telepathy
temperament, temperament
temporal, temporal
temperatură, temperature
tendinită, tendinitis
tendinţă, propensity ; trend
tendon, sinew ; tendon
tenesmă, tenesmus
tenie, tapeworm
tenoplastie, tenoplasty

tenorafie, tenorrhaphy
tenosinovită, tenosynovitis
tenotomie, tenotomy
tensioactiv, tensioactive
tensiune, tension
tensor, tensor
tentativă, tentative
teorie, theory
terapeutic, tharapeutic
terapeutică, therapeutics
terapie, therapy
– **terapie de aversiune**, aversion therapy
– **terapie prin somn**, sleep treatment
teratogen, teratogen
teratom, teratoma
terebrant, terebrant
teren (pe), field (in the-)
termen, term
– **la termen**, full-term
– **pe termen lung**, long-term
– **pe termen scurt**, short--term
terminat, over
terminologie, terminology
termofil, thermophilic
termografie, thermography
termolabil, thermolabile
termometru, thermometer
termostat, thermostat
terţiar, tertiary
testicul, testicle ; testis ; orchis
testosteron, testosterone
test, test
– **test la antiglobulină**, antiglobulin test
– **test Casoni**, Casoni's test
– **test Coombs**, Coombs' test
– **test de determinare a alcoolemiei**, breath analyzer test
– **test de efort pe banda rulantă**, – treadmill working
– **test cu fenolsulfonftaleină**, phenol red test
– **test de fixare a complementului**, complement fixation test
– **test de fragilitate capilară**, capillary fragility test
– **test de fragilitate osmotică**, osmotic fragility test
– **test de identificare a Treponmei pallidum prin imunofluorescenţă**, FTA-test
– **test de imunofluorescenţă a anticorpilor**, fluorescent antibody test
– **test orb**, blind test
– **test percutanat**, patch test
– **test de siguranţă**, safety test
– **test T-Student**, T test
– **test la vasopresină**, vasopressin test
testament, will
a teşi, to flatten
tetanie, tetany
tetanizare, tetanization

tetanos, tetanus
tetraciclină, tetracycline
tetradactil, tetradactylous
tetraplegie, tetraplegia ; quadriplegia
tiamină, thiamine
tibial, cnemial
tibie, tibia ; shin
tic, tic
tifos, typhus fever
tijă, stalk
timectomie, thymectomy
timină, thymine
timocit, thymocyte
timom, thymoma
timp, time
 – **timp real**, real time
timpan, tympanum
timpanic, tympanic
timpanită, tympanitis
timpanoplastie, tympanoplasty
timus, thymus
tinctură, tincture
tinea, tinea
tinereţe, youth
tinitus, tinnitus
tireostimulină, stimulating hormone (TSH)
tireotoxicoză, thyrotoxicosis
tiroidă, thyroid
tiroidectomie, thyroidectomy
tiroxină, thyroxine
tirozină, tyrosine
titrare, titration
titru, titre
titubant, staggering
toaletă, toilet ; facilities
tocoferol, tocopherol
tocografie, tocography
toleranţă, tolerance
tomodensitometrie, CTscan
tomografie, tomography
 – **tomografie prin emisie de pozitroni**, PET scan
ton, tone
tonic, tonic
tonometru, tonometer
tonsilectomie, tonsillectomy
tonsilită, tonsilitis
tonus, tone
a topi, to melt
topic, topical
topografie, topography
torace, pectus
 – **torace în carenă**, funnel chest ; pigeon chest
toracic, thoracic
toracocenteză, thoracocentesis
toracoplastie, thoracoplasty
toracotomie, thoracotomy
torpid, indolent
torpoare, torpor
tors, torso
torsiune, torsion
torticolis, torticollis ; wryneck
total, total
totuşi, yet
toxemie, toxemia
toxic, toxic
toxicologie, toxicology
toxicoman, addict

toxicomanie, toxicomania
toxicoză, toxicosis
toxină, toxin
toxoplasmoză, toxoplasmosis
trabecul, trabecule
trabeculotomie, trabeculotomy
tract, tract
– **tract uveal**, uveal tract
tracţiune, traction
a trage, to pull
tragus, tragus
trahee, trachea ; windpipe
traheită, tracheitis
traheobronşită, tracheobronchitis
traheorafie, trachelorrhaphy
traheostomie, tracheostomy
traheotomie, tracheotomy
trahom, trachoma
traiect, course
training, training
tranchilizant, tranquilizer
transă, trance
transabdominal, transabdominal
transaminază, transaminase
transdermic, transdermal
transfer, transference
– **transfer de energie**, energy transfer
transfuzie, transfusion
transmis, borne
– **transmis prin vector**, vector borne
transpiraţie, sweat ; exsudation
transplant, transplant
transplantare, grafting ; transplantation
transpoziţie, transposition
transsudaţie, transudation
transvers, transverse
transversal, transverse
tranzit baritat, barium enema
tranzit intestinal, bowel habit
trapez, trapezium ; trapezius
trapezoid, trapezoid
tratament, treatment
– **tratament de substituţie**, replacement therapy
traumatism, trauma
– **traumatism cranian**, head injury
traumă, trauma
travestism, transvestism
treburi menajere, chores
trematod, trematoda ; fluke
tremur, shake ; quiver ; tremor
– **tremur intenţional**, intention tremor
tren posterior, hindquarters
treonină, threonine
trepanare, trephining
a tresări, to startle
trezire, awakening ; waking ; arousal
triceps, triceps
trichiază, trichiasis
trichinoză, trichinosis
tricocefal, whipworm
tricofiţie, trichophytosis
trigemen, trigeminal

trigeminal, trigeminal
trigon, trigone
tripanosomiază, trypanosomiasis
triplegie, triplegia
tripleţi, triplets
triploid, triploid
tripsină, trypsin
tripsinogen, trypsinogen
triptofan, tryptophan
trismus, trismus ; lockjaw
trisomie, trisomy
tristeţe, sadness ; sorrow
triunghi, triangle
trocar, trocar
trofic, trophic
trofoblast, trophoblast
trohanter, trochanter
trohlear, trochlear
trohlee, trochlea
trombectomie, thrombectomy
trombină, thrombin
tromboangeită, thromboangiitis
tromboarterită, thromboartheritis
trombochinază, thrombokinase
trombocit, thrombocyte
trombocitopenie, thrombocytopenia
tromboflebită, thrombophlebitis ; phlebothrombosis
trombolitic, thrombolytic
trombopenie, thrombopenia
tromboplastină, thromboplastin
tromboză, thrombosis
trompă, tube
– **trompa lui Eustache**, pharyngotympanic tube
trompo-ovarian, tubo-ovarian
trunchi, troncus ; trunk
– **trunchi arterial brahiocefalic**, innominate artery
– **trunchi cerebral**, brain stem
trusă, kit
tub, tube
– **tub digestiv**, alimentary tract
– **tub digestiv**, gastrointestinal tract
– **tub de drenaj**, drainage tube
– **tubi seminiferi**, seminiferous tubules
tubar, tubal
tubercul, tuberculum
– **tuberculii cvadrigemeni**, quadrigeminal bodies
tuberculide, tuberculids
tuberculină, tuberculin
tuberculom, tuberculoma
tuberculos, tuberculous
tuberculoză, tuberculosis
tuberozitate, tuberosity
tubul, tubule
tubular, tubular
tufă, tuft
tularemie, tularemia
tulburare, disorder
– **tulburare afectivă**, affective disorder

– **tulburare de alimentaţie**, eating disorder
– **tulburare de comportament**, bahavior disorder
– **tulburare funcţională**, functional disorder
– **tulburare intestinală**, bowel disorder
– **tulburări cognitive**, cognitive disorders

tumefiere, tumefaction ; swelling
tumoră, tumor
– **tumoră glomică**, glomus tumor

tunică, tunica
turbare, rabies
turbinectomie, turbinectomy
turgescent, turgid
turgescenţă, turgor
a turna, to pour
turnesol, litmus
turnichet, tourniquet
turnover, turnover
tuse, cough
– **tuse convulsivă**, whooping cough

tuşeu rectal, digital examination
a tuşi, to cough
tutelă, guardianship

Ţ

a ţâşni, to squirt
ţeavă, pipe
ţep, spine
ţesătură, fabric
ţesut, tissue
– **ţesut conjunctiv lax**, areolar tissue
– **ţesut de granulaţie**, granulation tissue
a ţine, to hold
– **a-şi ţine respiraţia**, to hold one's breath
ţintă, target
a ţipa, to scream
ţipăt, scream ; cry

U

ud, wet
– **ud până la piele**, soaked
ulcer, ulcer
– **ulcer peptic**, peptic ulcer
ulcerant, ulcerative
ulcerativ, ulcerative
ulceraţie, canker
ulei, oil
ulterior, further
ultim, last ; latter
– **ultimele resurse**, last resort
ultrasunete, ultrasound
uman, human
umanitate, mankind
umăr, shoulder
umbră, shadow
a umecta, to moisten
umed, damp ; moist
a umezi, to moisten
umezit, wet
umflat, swollen
umflătură, swelling
umiditate, humidity
umoare, humor
– **umoarea apoasă**, aqueous humor
umplere, filling
unciform, unciform
undă, wave
– **undă alfa**, alpha wave
unealtă, tool
unghi, angle
unghie, nail
– **unghie încarnată**, ingrown nail
unguent, unguent ; ointment
unicelular, unicellular
unilateral, unilateral
uniovular, uniovular
unipar, uniparous
unipolar, monopolar
unit, seal
unitate motorie, motor unit
unitate de terapie intensivă, intensive care unit
universitar, scholar
uranită, uvulitis
urat, urate
urcior, hordeolum
ureche, ear
– **ureche externă**, outer ear
– **ureche internă**, inner ear
– **ureche medie**, middle ear

uree, urea
ureic, urea
uremie, uremia
ureter, ureter
ureteral, ureteral
ureterectomie, ureterectomy
ureteric, ureteric
ureterită, ureteritis
ureterocel, ureterocele
ureterolit, ureterolith
ureterolitotomie, ureterolithotomy
ureterovaginal, ureterovaginal
ureterovezical, ureterovesical
uretral, urethral
uretră, urethra
uretrită, urethritis
uretrocel, urethrocele
uretrografie, urethrography
uretroplastie, urethroplasty
uretroscop, urethroscope
uretrotomie, urethrotomy
urgenţă, emergency
uric, uric
urină, urine
- **urină din jetul intermediar**, midstream urine
- **urină reziduală**, residual urine

urinar, urinary
urinifer, uriniferous
urinometru, urinometer
a urla, to yell
urmaş, offspring
urmat, followed
următor, next
urobilină, urobilin
urobilinogen, urobilinogen
urocrom, urochrome
urogenital, urogenital
urografie, urography
urolit, urolith
urolog, urologist
urologie, urology
urticarie, urticaria ; hives ; nettle rash
uscător, dryer
uşă, door
uşor, easy ; light
a uşura, to relieve, to ease
uşurare, relief
uter, uterus ; metra ; womb
- **uter în retroflexie**, retroflexed uterus

uterin, uterine
uterovezical, uterovesical
util, useful ; helpful
utilizare, use
- **utilizare protejată**, sheltered employment

utilizator, user
utricul, utricle
uvee, uveal tract
uveită, uveitis
uvula, uvula
uvulectomie, uvulectomy
uvulită, uvulitis
uzat, used
uzină, factory
uzual, usual

V

vacanţă, vacation
vaccin, vaccine
vaccinare, vaccination
vacuolă, vacuole
vagal, vagal
vagin, vagina
vaginal, vaginal
vaginism, vaginismus
vaginită, vaginitis
vagitus, vagitus
vagotomie, vagotomy
valabil, valid
valgus, valgus
valină, valine
valoare, value
Valsalva (manevra), Valsalva's experiment
valvă, valve
– **valva aortică**, aortic valve
– **valva bicuspidă**, bicuspid valve
– **valva mitrală**, mitral valve
– **valva tricuspidă**, tricuspid valve
valvulă, valvula
– **valvula ileocecală**, ileocecal valve
valvulotomie, valvulotomy
vaporizator, nebulizer
variabil, variable
variabilă, variable
variaţie, variation
varice, varix
varicelă, varicella ; chickenpox
varicocel, varicocele
varicos, varicose
variolă, variola ; smallpox ; cowpox
varus, varus
vas, vessel
– **vase coronare**, coronary vessel
vascular, vascular
vasculită, vasculitis
vasectomie, vasectomy
vaselină, petroleum jelly
vasoconstricţie, vasoconstriction
vasodilataţie, vasodilatation
vasomotor, vasomotor
vasopresină, vasopressin
vasospasm, vasospasm
vasovagal, vasovagal

vată, cotton wool
văl, veil ; velum
a vărsa, to pour
vărsat, pox
vătămare, injury
vătămător, injurious
vârf, spike ; apex
– **vârf de gamă**, top of the line
– **vârf răsucit**, twisting spike
– **vârful degetului**, fingertip
– **vârful inimii**, apex of heart
vârstă, age
– **vârsta adultă**, adulthood
– **vârstă osoasă**, bone age
vârtej, eddy
vâscos, viscous
vector, vector
vedere, sight
– **vedere de ansamblu**, overview
– **vedere neclară**, blurred vision
vegetaţie, vegetation
– **vegetaţii adenoide**, adenoids
veghe, waking ; wakefulness
veioză, night light
velocimetrie, velocimetry
venă, vein ; vena
– **vena bazilică**, basilic vein
venin, venom
venografie, venography
venos, venous
ventilaţie, ventilation
– **ventilaţie asistată**, assisted ventilation
ventral, ventral
ventricul, ventricle
ventriculografie, ventriculography
ventuză, cupping glass
venulă, venula
vergetură, stria
a verifica, to check for
verificare, check
verigă, link
vermifug, vermifuge
versie, version
versiune, version
vertebră, vertebra ; spondyle
vertex, vertex
vertij, vertigo
verucă, verruca
vestibul, vestibule
vestibular, vestibular
vestigial, vestigial
vezical, vesical
vezică urinară, urinary bladder ; vesica
vezicovaginal, vesicovaginal
veziculă, bladder ; vesicle
– **veziculă biliară**, gallbladder
veziculită, vesiculitis
viabil, viable
viaţă, life
– **viaţă privată**, privacy
vibraţie, vibration

victimă, victim ; casualty
vid, empty
vierme, worm
– **vierme inelat**, ringworm
viespe, wasp
vigilent, watchful
vigilenţă, awareness ; alertness ; vigilance
vilos, villous
vilozitate, villus
– **vilozităţi corionice**, chorionic villus
vindecare, healing
viol, rape
violent, violent
violenţă, violence
violet, violet
– **violet de genţiană**, gentian violet
virilizare, virilization
virulenţă, virulence
virus, virus
– **virusul imunodeficienţei umane dobândite (HIV)**, human immunodeficiency virus (HIV)
virusologie, virology
vis, dream
viscer, viscera ; viscus
viscozimetru, viscometer
vitalitate, vitality
vitamină, vitamin
vitelin, vitelline
viteză, speed ; velocity
– **viteza de sedimentare**, sedimentation rate
– **viteza de sedimentare a hematiilor**, erythrocyte sedimentation rate
viu, live ; living
vivisecţie, vivisection
viziune, vision
vizual, visual
vizualizarea organelor interne, imaging
voalat, hazy
vocal, vocal
voce, voice
– **cu voce tare**, aloud
volatil, volatile
volemie, blood volume
volet costal, flait chest
volt, volt
voltaj, voltage
volum, volume
– **volum curent**, tidal volume
– **volum expirator maxim / secundă (VEMS)**, forced expiratory volume/second (FEV1)
– **volum inspirator de rezervă**, inspiratory reserve volume
– **volum rezidual (VR)**, residual volume (RV)
– **volum sangvin**, blood volume
voluntar, volunteer
volvulus, volvulus
vomer, vomer

vomisment, vomiting ; emesis
- **vomismente acetonemice**, cyclical vomiting

vorbăreț, talkative

vot, ballot

votare, ballottement

voyeurism, voyeurism

vulvă, vulva ; pudendum muliebre

vulvectomie, vulvectomy

vulvită, vulvitis

vulvovaginită, vulvovaginitis

X

xantină, xantine
xantocromie, xanthochromia
xantom, xanthoma
xerodermie, xerodermia
xeroftalmie, xerophthalmia
xeroradiografie, xeroradiography
xerostomie, xerostomia

Z

zaharină, saccharin
zahăr, sugar
zăpadă, snow
– **zăpadă carbonică**, dry ice
a zdrobi, to squash ; to mash
zdrobire, pounding
zeioză, zeiosis
zero, zero
zgârietură, scratch
zgomot, noise
– **zgomot respirator**, whisper
zi, day
zigot, zygote
zilnic, daily
zimogen, zymogen
zimotic, zymotic
zinc, zinc
zincinsulină, semilente insulin
zonă, zone
zona zoster, zona ; shingles
zonulă, zonule
zoologie, zoology
zoonoză, zoonosis
zoopsie, zoopsia

La Editura Polirom

au apărut:

Constantin Paidos - *English Grammar. Theory and Practice*
Alina-Antoanela Ştefăniu - *Dicţionar român-englez de expresii şi locuţiuni*
Radu Lupuleasa - *Steps in English. Learning English Grammar. From Theory to Practice*
Elena Cuvinciuc, Gustavo-Adolfo Loria-Rivel - *English for You*
Radu Lupuleasa - *English in Communication*
Rada Proca - *Gramatica practică a limbii engleze*
Alina-Antoanela Ştefăniu, Ana-Maria Placinschi - *First Steps in English*
Cornelia Coşer, Rodica Vulcănescu - *Developing Competence in English. Intensive English Practice*
Mihaela Chilărescu, Roxana Spiratos - *Be the Best! Culegere de exerciţii de limba engleză*
Alina-Antoanela Ştefăniu - *Welcome! Manual de conversaţie în limba engleză*
Alina-Antoanela Ştefăniu, Radu Lupuleasa - *Ghid de conversaţie român-englez*
Alina-Antoanela Ştefăniu, Radu Lupuleasa - *Ghid de conversaţie englez-român*
Corina Dogaru - *Bon appetit! Limba engleză pentru ospătari, chelneri, recepţioneri şi barmani*
Constantin Paidos, Cristina Dana Paidos - *Limba engleză. Prima ta gramatică*
Mihaela Chilărescu, Constantin Paidos - *Practical Course of English*
Horia Hulban - *111 verbe englezeşti şi locuţiunile lor specifice*
Alina-Antoanela Ştefăniu, Radu Lupuleasa - *Engleza pentru Marea Britanie*
M. Mandelbrojt-Sweeney - *Limba engleză pentru medici şi asistente*
Horia Hulban, Tamara Lăcătuşu, Călina Gogălniceanu - *Exerciţii şi teste de limba engleză pentru competenţă şi performanţă. Nicelurile începător-mediu-avansat*
Horia Hulban - *Dicţionar englez-român de expresii şi locuţiuni*
Danielle Duizabo - *Dicţionar medical de buzunar englez-român/ român-englez*

în pregătire:

Horia Hulban - *The BE Dictionary*

www.polirom.ro

Coperta : Angela Rotaru
Tehnoredactor : Gabriela Gheţău

Bun de tipar : iunie 2007. Apărut : 2007
Editura Polirom, B-dul Carol I nr. 4 • P.O. Box 266
700506, Iaşi, Tel. & Fax : (0232) 21.41.00 ; (0232) 21.41.11 ;
(0232) 21.74.40 (difuzare) ; E-mail : office@polirom.ro
Bucureşti, B-dul I.C. Brătianu nr. 6, et. 7, ap. 33,
O.P. 37 • P.O. Box 1-728, 030174
Tel. : (021) 313.89.78 ; E-mail : office.bucuresti@polirom.ro

Tipografia S.C. PRINT MULTICOLOR S.R.L. Iaşi
Str. Bucium nr. 34, Iaşi 700265
tel. 0232-211225, 236388, fax. 0232-211252